평화를 걷다

04

서울대학교
통일평화연구원
평화교실

평화를 걷다

한국현대사 평화답사기

김태우 지음

도서 모시는사람들

평화 담론의 대중적 확산을 기대하며

서울대학교 통일평화연구원에서는 한국연구재단 HK(인문한국) 사업의 일환으로 한반도발 평화인문학을 정립하는 연구를 하고 있습니다. 인류의 희망이라 해도 과언이 아닐 평화에 대해 다양한 분야의 연구자들이 함께 학제적이고 융합적으로 연구함으로써, 평화를 새로운 문명의 중심축으로 삼는 작업입니다.

특히 남·북간에 서로를 겁박하고 전쟁 위협에 시달리면서도 통일과 평화를 지향하는 모순이 공존하는 한반도는 세계가 공감할 만한 평화론을 다질 수 있는 최적의 실험실입니다. 한반도는 동양의 깊은 정신문화와 서양의 기술문명 및 근대적 세계관이 만나고 있는 공간이라는 점에서 더욱 그렇습니다. 이러한 한반도적 상황에서 세상이 왜 폭력으로 점철되고 있는지 그 조건과 원인을 분석하고, 갈등을 줄여 평화로 나아가는 길에 대해 상상하며, 평화를 문화적 차원으로까지 심화시키는 작업은 너무나 절실하고 의미있는 과제가 아닐 수 없습니다.

이러한 문제의식을 가지고 다양한 차원에서 더 많은 이가 공감할 수 있을 따뜻한 메시지를 담은 연작 책 〈평화교실〉을 순차적으로 출판하고자 합니다. 왜 폭력적인 상황이 지속되는지, 평화란 무엇이고, 평화 연구와 실천은 어떻게 해야 하는지, 학문적 깊이와 대중적 공감을 조화시켜서, 더 많은 이들과 평화 생각과 평화 감성을 나누고자 합니다. 평화에 대해 상상하는 이들이 많아질수록 평화는 좀 더 구체적인 모습을 드러낼 수 있기 때문입니다.

평화로운 문명을 건설하려는 시도보다 더 절실하고 심원하며 장기적인 과제가 또 있을까요. 〈평화교실〉이 평화에 인간의 얼굴을 입히고, 우리 사회를 평화로운 삶으로까지 이어주는 작은 징검다리가 되었으면 좋겠습니다. "평화를 원한다면 평화를 준비하라"(Si vis pacem, para pacem)는 평화학의 슬로건을 되새겨야 할 때입니다.

서울대학교 통일평화연구원장 정근식

　한국평화사(韓國平和史, Korean Peace History)는 어떤 내용으로
채워질 수 있을까? 나는 한국의 평화에 대해 좀 더 깊고 자유롭
게 사고하기 위해 길을 떠나기로 결심했다. 한국인들의 평화 구
축에 기여했던 역사적 사건과 사람들을 찾아서, 혹은 한국인들
의 평화를 위협했던 역사적 사건의 공간적 배경을 찾아서 길을
떠나기로 한 것이다.

　많은 후보지들이 머릿속에 떠올랐다. 강화도의 광성보, 동
학농민운동 유적지, 나눔의 집, 제주4·3평화공원과 강정마을,
4·19민주묘지, 현충원, 벌교 '태백산맥' 문학관, 영동의 노근리
평화공원, 진도 팽목항 등등. 적잖은 장소들이 머릿속을 스쳐 지
나갔다. 나는 몇 가지 원칙을 세워야만 했다. 겨울방학 두 달여
의 짧은 기간 동안에 이 많은 곳들을 모두 돌아볼 수는 없는 노
릇이었다. 뭔가 원칙을 지닌 짧고 알찬 여행 계획을 세워해야만
했다.

　실제 나는 여행에 대한 내 나름의 원칙을 만들고 후보지를 선
정하기 위해 꽤 오랫동안 고민했다. 그리고 그 고민의 결과로 몇

가지 여행의 원칙을 정했고, 이를 실천하기 위해 노력했다. 그 같은 원칙이 있었기에 아마 짧은 기간 내에 이 같은 답사기의 출간도 가능했을 것이다. 내가 세웠던 여행의 원칙과 고민의 내용을 간단히 정리하면 다음과 같다.

첫째, 여행지는 한국평화사와 관련된 상징적 공간이어야만 한다. 한국 근현대사에서 평화는 끊임없이 위협받아 왔다. 20세기 전후 한반도를 배경으로 한 청일전쟁과 러일전쟁, 그리고 36년에 걸친 일제의 혹독한 식민지배, 수백만 명의 생명을 앗아간 한국전쟁, 제주4·3사건이나 국민보도연맹사건과 같은 대량학살사건, 1960년대 남북한 군사위기(1.21사건, 울진·삼척 무장공비 침투사건 등), 1970년대 유신독재, 1980년 광주에서의 학살, 1990년대 이래 북한의 핵실험 등. 한국인들의 평화는 20세기 내내 끊임없이 위협받아 왔다.

그런데 이 책에서 내가 말하는 '평화'란 단순하게 국어사전에 등장하는 '평온하고 화목함' 혹은 '전쟁, 분쟁 또는 일체의 갈등이 없는 평온함'의 상태만을 뜻하는 것이 아니다. 이 책에서 등장하는 '평화'는 1960년대 갈퉁(Johan Galtung)과 같은 학자들로부터 비롯된 '비판적 평화학'의 평화 개념을 일컫는다. 갈퉁은 자신의 저서를 통해 전쟁 부재로서의 평화(소극적 평화) 개념이 평화 논의를 제한한다고 비판하면서, 정치적 억압이나 경제적 착취, 사회적 차별(구조적 폭력과 문화적 폭력) 등이 없는 사회를 만들기 위한 '적극적 평화' 개념을 주창했다. 나 또한 전쟁이나 직접적 폭력이 없는 상태로서의 소극적 평화가 아닌, 한반도 거주민들의 일상의 영역까지 파고드는 '구조적 폭력'에 대응하기 위한 '적극적 평화' 개념을 한국평화사 서술에 활용하고자 한다.

이에 나는 거시사적 관점에서 한국인들의 소극적 평화(전쟁이나 폭력의 부재 상태)와 적극적 평화(구조적·문화적 폭력의 부재 상태)에 지속적으로 영향을 주어 왔고, 앞으로도 커다란 영향을 미칠 네 가지 평화 관련 영역을 선정해 보았다. 이는 자본주의와 평화, 민주주의와 평화, 동북아 지역갈등, 한반도의 분단과 통일의 네 영역을 지칭한다. 나는 이 네 가지 영역에서 평화가 파괴되거나 진전되어 온 과정을 상징적으로 보여 주는 장소를 찾기 위해 애썼다. 그리고 최종적으로 아래와 같은 네 곳을 선정하게 되었다.

우선 강원도 사북은 한때 한국 경제성장의 기반을 제공했던 석탄 산업의 중심지였으나, 이제는 폐광과 카지노의 도시로 전락하여 '한국 자본주의의 민낯'을 가감 없이 보여 주는 역사적 공간으로 선정되었다. 다음으로 광주의 국립5·18민주묘지와 금남로는 1980년대 '한국 민주주의와 평화'의 충격적 파괴와 급속한 성장을 동시에 상징하는 공간으로 선택되었다. 그리고 서울의 서대문형무소 역사관은 '동북아시아의 평화'에 대해 반추해 볼 수 있는 대표적 공간으로, 강원도 철원의 비무장지대와 노동당사는 한반도 분단과 비평화의 현실을 가시적으로 체험하고 사유할 수 있는 공간으로 선정되었다. 이 모든 곳에서 나는 예상했던 것보다 훨씬 더 커다란 배움과 평화사적 감흥을 얻어갈 수 있었다. 이 책의 독자들도 내가 느꼈던 그 모든 배움과 감흥에 공감할 수 있길 기대해 본다.

둘째, 이 책은 한국현대사에 대해 익숙하지 않은 고등학생, 대학생, 일반 대중 독자를 대상으로 한다. 매학기 개강 때마다 느끼는 사실이지만, 현재 대학생들의 한국현대사에 대한 지식은 충격적일 정도로 백지 상태에 가깝다. 그리고 일반 성인 대중들도 이 같은 현상으로부터 예외일 수 없다. 예컨대 나는 언젠가 한국을 대표하는 모 대기업에 역사 강의를 하러 가서, 한국현대사 속의 '미군정기'의 존재를 아시는 분이 있는지 손들어 보라는 요청을 해본 적이 있다. 스스로 한국을 대표하는 엘리트 집단이라고 자부하는 이 기업의 젊은 사원들 백여 명 중에 '미군정기'를 안다고 손든 사람은 두세 명에 불과했다. 이는 매우 충격적인 현상이 아닐 수 없다.

대한민국 성인의 상당수가 대한민국이라는 국가의 형성 과정에 대해 모르고 있다는 것이다. 대부분의 성인들이 1945~48년 38선 이남 지역에서 미군이 '유일한 정부' 역할을 수행했다는 사실에 대해 모르고 있다. 이 시기 미군정에 의해 주도된 정치·사회·문화적 변화들이 이후 오랫동안 한국사회를 틀 지어 왔다는 사실에 대해 알지 못하는 것이다. 미군정기의 존재조차 모르는 이들에게 제주4·3사건이나 여순사건에 대해 물어보는 것은 시간 낭비에 불과할지도 모른다.

나는 이 같은 현상이 너무 안타깝다. 대한민국 국민의 일원이자 시민의 한 사람으로써 슬프고 가슴 아프다. 최근 정부는 역사를 모르는 국민에게 미래는 없다고 강조하면서 대학입시에서 한국사 시험을 의무화했다. 게다가 절대다수 역사학자들의 반대에도 불구하고 역사교과서의 국정화 조치를 강행했다. 그러나 정작 한국현대사 교육은 이 한국사 교육에서 상당 정도 경시되거나 심각할 정도로 왜곡되어 있다. 거의 모든 역사학자들이 1980년대 이전의 국정교과서로의 역행에 대해 절박한 우려를 표명하고 있다. 사실상 이 같은 현실 속에서 한국현대사 연구자들은 전문적 연구논저의 발간뿐만 아니라, 대중 독자들과 만날 수 있는 새로운 형식의 창출에 대해 고민하지 않을 수 없는 단계에 이른 것이다. 아마도 이 책의 집필은 위와 같은 상황에 대한 나 개인의 진지한 대응 방식 중 하나로 볼 수도 있을 것이다.

셋째, 여행 전에 여행지에 대한 학습을 최대한 충실히 하고, 여행에 대한 감흥이 살아 있는 '여행 중' 혹은 '여행 직후' 시점에 반드시 답사기를 집필한다. 이는 이 책의 집필을 위해 매우 중요한 원칙 중 하나였다. 이 책은 여행자의 여행 경로와 감흥을 중시하는 일반적 여행기이면서, 동시에 한국의 자본주의와 민주주의와 민족주의에 대해 깊게 사색할 수 있는 역사서의 성격을 강하게 갖고 있다. 때문에 여행 전에 해당 여행지와 관련된 연구서와 문학작품을 최소 4~5권 이상 읽은 후에야 목적지를 향해 발걸음을 내딛곤 했다. 물론 한국현대사 전문 연구자로서 대부분 익숙한 주제들이었지만, 최신의 연구성과와 문학작품을 읽어 나가면서 내용의 충실성을 더하고, 문제의식의 날을 더 날카롭게 벼릴수 있었다. 더불어 여행지 호텔방, 카페, 기차 안에서 계속 책을 읽고 여행기의 초고를 집필하면서 혼자만의 시간을 알차게 채워

나갈 수 있었다. 이 책의 본문을 읽어 나가면서, 적잖은 원고들이 여행지 현장에서 집필되었다는 사실을 쉽게 눈치 챌 수 있을 것이다.

넷째, 글쓰기 형식에는 무한한 자유를 부여한다. 이는 이번 기회에 내게 준 가장 중요한 선물 중 하나였다. 사실 나는 오래전부터 학문적 글쓰기를 넘어선 다른 형식의 글쓰기 실험을 다양하게 시도해 왔다. 물론 그 같은 실험적 글의 대부분은 외부 세계에 공개되지 않은 채 나만이 볼 수 있는 인터넷 공간이나 컴퓨터 하드디스크에 꽁꽁 숨겨져 있다.

그런데 이번 책의 저술 과정에서는 글쓰기 형식에 무한한 자유를 주자고 스스로 다짐하고 격려했다. 물론 이 책이 단순한 기행문이 아닌 '역사서'의 성격을 강하게 지니고 있기 때문에 상당 부분 기존의 학술적 문체로부터 자유롭지 못한 것이 사실이긴 하다. 그러나 이 책은 기본적으로 나의 여행경로를 따라가며 여행지의 풍경, 길 위에서 만난 사람들과의 대화, 나의 감정 변화 등을 가감 없이 드러내고 있기 때문에 딱딱한 학술적 글쓰기와는 분명하게 다른 어휘와 문체들이 곳곳에서 활용되곤 했다. 내겐 쉽지 않은 도전이었지만, 새로운 시도와 노력의 과정에서 필연적으로 동반되는 긴장과 좌절, 성취의 쾌감 등을 최대한 즐기기 위해 노력했다.

다섯째, 여행지는 접근성이 용이한 곳, 가능하면 대중교통인 기차로 쉽게 갈 수 있는 곳으로 정한다. 이 원칙은 위의 두 번째 원칙인 대중 독자들과의 소통이라는 원칙과 밀접하게 관련되어 있다. 나는 언젠가 TV 다큐멘터리 프로그램을 통해 방영된 '내일로' 국내 기차여행에 대해 관심 있게 지켜본 적이 있다. '내일로'는 코레일에서 운영하는 여행 티켓으로, KTX와 전철을 제외한 국내 열차를 일정 기간 무제한으로 이용할 수 있는 '철도 자유이용 패스'를 지칭한다. 만 25세 이하만을 대상으로 파격적으로 낮은 가격에 제공되는 티켓인데, 최근 이 자유이용 패스를 활용해 국내 여행을 즐기는 젊은이들이 폭발적으로 증가했다고 한다.

나는 이렇듯 '내일로'를 이용해 기차여행을 즐기는 학생들의 가방 한켠에 이 책이 꽂혀 있길 소망하며 저서를 집필했다. 실제 나는 이 책의 집필을 위해 홀로 기차여행하는 과정에서도 일군의 '내일로' 이용 학생들을 만날 수 있었다. 그런데 이들은 나와 동일한 목적지를 여행하면서도 내가 가고자 하는 한국현대사 관련 여행지에 대해 아예 모르는 경우가 적잖았다. 이는 여러모로 안타까운 일이었다. 물론 여행을 통해 스트레스를 풀고 '힐링'을 하는 것도 중요하겠지만, 예상치 못했던 새로운 것들과의 조우를 통해 '배움'을 얻어 가는 것도 여행의 가장 큰 즐거움 중 하나라고 볼 수 있을 것이다. 그 배움이 '한국평화사'와 관련되어 있고, 그 배움을 통해 사회를 바라보는 건전한 가치관을 형성해 나갈 수 있다면, 이것만으로도 충분히 값진 여행이었다고 평가할 수 있을 것이다. 무궁화호와 새마을호를 타고 도달할 수 있는 사북(태백선)과 광주(호남선)와 철원(경원선), 지하철을 타고 쉽게 접근할 수 있는 서울의 서대문형무소 역사관(3호선 독립문역)을 여행 목적지로 정한 이유가 여기에 있기도 하다.

책을 집필하는 동안에 적잖은 분들로부터 도움을 받을 수 있었다. 우선 수년째 평일의 점심식사를 함께 하며, 이 책의 내용을 포함한 나의 다양한 고민들을 진지하게 공유해 주신 서보혁, 이찬수 교수님께 고마움을 표하고 싶다. 이 책의 초고 발표 모임에서 좋은 말씀을 건네주신 김병로, 김성철, 박명규, 박현도, 백지운, 이문영, 임홍배 교수님의 조언과 격려에 감사하다. 나의 학술적 고민들을 진지하게 경청해주시는 장용석, 최규빈 박사님, 연구활동 과정에서 마주하게 되는 다양한 문제들의 해결을 기꺼이 도와준 안소연, 이정옥, 장문석 연구원의 연구지원활동에도 감사한 마음을 갖고 있다. 더불어 쉽지 않은 학문의 길 위에서 언제나 따뜻한 조언과 도움을 건네주시는 서울대 정용욱 교수님에게 우정과 감사의 말을 전하고 싶다.

길 위에서 만났던 여러 분들에게도 고마움을 표하고 싶다. 한때는 강원도 사북 동원탄좌의 광부였고 지금은 사북 미르게스트하우스의 사장님이자 시인으로 활약하고 있는 고준성 님, 사북 뿌리관의 김진원 해설사님, 광주에서 반갑게 후배를 맞아 준 조선대학교 기광서 교수님과 노영기 교수님, 5·18기록관의 유경남 학예연구사님, 무작정 걸려온 전화를 친절하게 받아 준 소설 『1945, 철원』의 저자 이현 님, 좋은 문학작품들을 추천해 주신 인제대학교 한기욱 교수님, 그 외 이름을 기억하지는 못하지만 여행지 곳곳에서 많은 정보를 제공해 준 현지의 해설사 분들, 객차와 식당에서 스스럼없이 나의 질문에 답해 준 여러 여행객들에게 진심으로 감사의 말을 전하고 싶다. 더불어 여행을 함께하지 못했기에 미안한 사람들, 나의 가족에게도 고마움을 전한다. 아내 박옥란과 두 딸 김윤하와 김채빈에게 미안함과 고마움을 동시에 전하고 싶다.

마지막으로 2013년 여름 갑자기 세상을 등진 사랑하는 후배 고(故) 신승욱 학형에게 이 책을 바친다. 스승과 제자로 인연을 맺어, 대학원 후배이자 동학으로 신실한 관계를 이어가던 승욱이의 갑작스런 죽음은 내게도 적잖은 충격이었다. 아마도 서울대 국사학과 대학원 후배들 중에서도 가장 스스럼없이 내 연구실 문을 두드리곤 했던 친구이기에 그 충격의 크기가 더 컸던 것 같다. 한국현대사 연구사(研究史)에 중요한 족적을 남길 수 있었던 인재이자, 외로운 학문의 세계에서 신실한 동반자로 남을 수 있었던 친구를 잃었다는 사실에 지금까지도 가슴이 많이 아프다. 책 읽기를 좋아했던 승욱에게 부족한 나의 책을 바친다.

2016년 4월

김태우

평화를 걷다

01

사북의 '뿌리관'과 '석탄역사체험관'

폐광과 카지노의 도시에서 한국 '자본주의'의 민낯을 보다

과거로 가는 열차

진눈깨비가 날린다. 절기는 어느새 입춘(立春)을 지났건만, 잿빛 구름과 날선 골바람이 투명한 얼음 알갱이들을 차창 밖에 흩뿌리고 있다. 소슬소슬 유영하던 얼음 결정들이 차창에 부딪치며 타닥타닥 요란하게 부서진다.

오랜만에 강릉행 열차를 탔다. 나는 어린 시절 강릉에서 성장했다. 대학생 시절 대설(大雪)로 인해 대관령이 막혔다는 소식을 듣고 학교에 가기 위해 평소 타지 않던 청량리행 무궁화호 열차를 탔던 기억이 떠올랐다. 눈밭을 하염없이 달리던 설국열차(雪國列車)의 기억. 차창 밖으로 오종도종 눈에 덮여 있던 어느 산촌 낮은 지붕의 집들에 대한 기억이 스치듯 지나갔다.

지금 나는 1980년과 현재의 사북(舍北)을 만나기 위해 열차를 타고 있다. 한국 자본주의의 민낯과 마주하기 위해 과거와 현재의 사북으로 가고 있는 것이다. 내게는 두 번째 사북 여행이다. 2년 전 학회의 동학들과 함께 이곳에 엠티를 왔었다. 당시 사북

태백선 열차 안에서. ⓒ 김태우

여행을 강하게 추천한 것은 나였다. 나는 본능적으로 이곳이 한국 자본주의의 모순과 민낯을 적나라하게 보여 주는 공간이라고 생각했다. 그리고 2년 전 방문을 통해 내 직감이 틀리지 않았다는 사실을 생생하게 확인할 수 있었다. 그런데 당시는 일행들과 일정을 함께하느라 이곳을 세심하게 관찰하지는 못했다. 이번에는 일정에 여유를 두고 세심하게 돌아보리라 결심했다.

투득투득 천천히 달리는 무궁화호 열차 안에서 한편의 영화를 머릿속에 떠올렸다. 이창동 감독의 〈박하사탕〉이다. 십여 년 전 영화 〈박하사탕〉의 배경음악을 들으며 책 읽고 글 썼던 추억이 떠올랐다. 영화 OST의 첫 번째 곡 제목이 다름 아닌 〈과거로 가는 열차〉였다. 스마트폰으로 곡을 찾아 들어본다. 가벼운 보사노바풍의 음악이 영화의 분위기와 묘하게 잘 어울린다. 나는 일부러 열차의 제일 뒤꽁무니를 찾아갔다. 그리고 마치 영화 〈박하사탕〉 속의 한 장면을 바라보듯, 〈과거로 가는 열차〉를 들으며 나로부터 하염없이 달아나는 기나긴 철로를 멍하니 바라보았다.

사북역에 이르러 열차에서 내리자마자 짙은 구름에 덮인 음울한 도시가 나를 다급하게 영화 속 환상으로부터 잿빛 현실로 끌어내렸다. 눈앞에 수많은 모텔과 전당포와 마사지샵이 펼쳐져 있다. 사북은 여전히 막장의 도시인가? 노동의 막장에서 자본의 막장으로. 수많은 광업 노동자들이 이곳에서 벗어나기 위해 이곳에 머물렀던 것처럼, 수많은 도박 파산자들이 파산에서 벗어나기 위해 이곳에 머물고 있다. 문득 〈박하사탕〉 주인공의 명대사가 떠오른다.

나, 돌아갈래.

이 세상 모든 사람들이 순수로의 회귀를 꿈꾸곤 하지만, 오늘의 열차는 지금 이 순간에도 변함없이 냉혹한 자본주의의 극단에 우리를 덜렁 내려놓고 있다.

항쟁의 기억을 품은 안경다리

사북역에서 천천히 걸어 나와 정면의 낮은 언덕을 내려오면 이내 사북 읍내를 관통하는 주도로를 한눈에 일별할 수 있다. 그리고 이 도로를 따라 채 5분도 걷기 전에 눈앞의 커다란 쌍굴다리를 만날 수 있다. 사북항쟁의 핵심 충돌지점인 '안경다리'이다. 10여 년 전 후배와의 여행길에서 처음으로 보았던 충북 영동 노근리의 쌍굴다리―한국전쟁기 민간인 집단학살지―와 똑 닮은 모양새다. 사북의 안경다리와 노근리 쌍굴다리는 그 모양과 쓰임새마저 매우 유사하여, 한쪽 구멍으로는 개천이 흘렀고, 다른 구멍으로는 차와 사람들이 다니고 있었다.

과거 사북 사람들은 이 안경다리를 은연중에 도시의 주요 경계로 삼았다고 한다. 지장산 꼭대기에 거주하던 광부 가족들은 안경다리 아래쪽에 있는 사북시장에 갈 때면 꼭 사북에 간다고 했고, 안경다리 아래쪽에 사는 사람들이 이 다리를 지날 때면 광산에 간다고 했다. 실제 지리적으로도 이곳으로부터 과거 지장산 사택(현재의 강원랜드 자리)에 이르기까지 꽤나 가파른 언덕길이 시작되기 때문에 안경다리는 여러모로 '경계'가 될 수밖에 없었다. 과거 한국 최대의 민영탄좌인 동원탄좌가 바로 이 안경다

안경다리 전경(위)과 뿌리관 쪽에서 내려다본 안경다리 후경(아래). ⓒ 김태우

리 위쪽에 자리했고, 이제는 과거의 흔적을 보여 주는 박물관인 '뿌리관'과 '석탄역사체험관'과 카지노 등이 모두 옛 동원탄좌 자리에 위치하고 있다.

요즘 사람들은 사북의 안경다리를 카지노로 통하는 주요 통로 정도로 알고 있지만, 내게 이곳은 광업 노동자들의 오랜 불만이 활화산처럼 솟아오른 항쟁의 거점으로 먼저 인식된다. 내겐 사북 하면 가장 먼저 떠오르는 단어가 1980년의 '사북항쟁'이다. 5·18광주민주화운동이 발생하기 약 한 달 전인 1980년 4월 21일부터 24일까지 4일 동안 이곳에는 일시적인 공권력 부재의 상황이 지속되었다. 광산 노동자들이 인구 5만의 도시를 일순간에 탈취해 버린 것이다. 사북 지역의 경찰과 공무원과 광산의 관리자들은 모두 광산 노동자들에게 쫓겨 허겁지겁 도시를 빠져나갔다. 누군가는 이 당시의 사북을 소요와 폭동의 도시라고 불렀고, 누군가는 해방구라고 불렀다. 수많은 광산 노동자들과 부녀자들이 거리로 나와 그곳에 솥을 걸고 밥을 해먹으며 수일 동안 '듣는 이 없는' 항쟁의 구호들을 목 놓아 외쳤다. 도대체 이들은 도시 전체를 마비시킨, 이 같은 어마어마한 일을 왜 벌였던 것일까?

＊ ＊ ＊

애초 사북은 1950년대 초반까지만 해도 100여 호 남짓한 가구에 수백여 명의 주민들이 화전을 일구며 살아가는 전형적인 강원도의 작은 산촌에 불과했다. 그러나 1962년 석탄의 대규모 증산을 위한 석탄 산업임시조치법이 시행되며 사북은 급속한 변화를 맞았다. 국내 굴지의 탄광회사로 성장하게 된 동원탄좌와 삼척탄좌가 사북과 고한 지역에 각각 건립된 것이다.

1980년 정선통계연보에 의하면, 1979년 12월 31일 현재 사북의 동원탄좌는 월생산규모 137,128톤에 이르는 한국 최대의 민영탄광이었다. 사북읍은 삼척탄좌 노동자들까지 포함하여 탄광 노동자 수만 1만여 명, 전체 인구 51,677명에 달하는 대표적 탄광도시였다. 탄광회사들은 이렇듯 급속히 늘어난 광부들을 수용하기 위해 대규모 사택촌을 건립했고, 이 주거지를 중심으로 학교와 행정기관 등 공공시설이 들어섰다. 또한 채탄된 석탄을 운반하기 위한 철도와 도로 등 교통 인프라도 빠르게 확충되어 사북은 금세 강원도 산업과 교통의 주요 요충지로 발전할 수 있었다.

이렇듯 1970~80년대 석탄 산업은 최고의 호황을 맞으며 동원탄좌 같은 대규모 탄광은 그야말로 떼돈을 벌어들였지만, 광산

탄차를 타고 입갱하는 광부들. 출처: 사북석탄유물보존위원회

노동자들의 생활은 나날이 비참하기 그지없었다. 사북 사람들은 "그 옛날 통행금지가 없던 유일한 동네"라는 말을 곧잘 하는데, 이는 사북의 자유로움에 대한 이야기가 아니라 오히려 사북의 가혹했던 노동현실을 우스갯소리로 늘어놓은 말일 뿐이다. 매일 24시간을 3교대로 석탄 생산을 하며 밤낮없이 사북의 거리를 누볐던 노동자들의 현실을 빗댄 자조적 표현인 것이다. 광산 노동자들은 갑방(오전 8시~오후 4시), 을방(오후 4시~밤 12시), 병방(밤 12시~오전 8시)의 3교대 시간대에 따라 근무를 배정받았는데, 3교대에 의한 불규칙적 생활에 의해 자신의 일상과 휴식은 물론 원만

한 부부관계조차 곤란한 형편이어서 심각한 가정파탄 사건이 자주 발생하기도 했다.

또한 "굴속에 하루 안 들어가면 쇠고기 열 근 먹는 것보다 낫다"라든가, "탄광의 굴속에서는 숨 쉬는 것도 힘든 노동"이라는 표현에서 알 수 있는 것처럼 석탄채굴작업은 그 노동 강도가 일반 제조업 노동에 비해서도 무척 가혹했다. 당시 광산 노동자의 임금은 노동자 전체의 평균임금과 비슷한 수준이었음에 반해, 광산 노동자들은 제조업의 2배 이상의 노동 강도와 9배 이상의 재해 속에서 일해야만 했다. 2000년까지의 통계에 의하면, 광산에서는 사고에 의해 매년 평균 200여 명이 사망하고 6천여 명이 부상을 당하고 있었다. 광산이나 사택촌 입구에서 볼 수 있었던 "오늘도 무사히"라는 문구에는 노동자 가족들의 간절한 기도와 애끓는 슬픔이 배어 있었던 것이다.

이토록 열악한 노동환경과 함께, 정당한 노동의 대가를 받지 못하는 왜곡된 임금 구조는 광부들의 불만을 더욱 더 증폭시켰다. 도급제와 부비끼는 그 대표적 예이다. 도급제(都給制)는 노동자들의 업무 수행 정도에 따라 유동적으로 품삯을 지급하는 임금체계를 뜻한다. 광산에서는 채탄량과 같은 작업량에 따라 그날그날의 임금이 책정되는 형식을 의미하는 것이다.

도급임금 계산에 있어서는 회사별로 상이한 계산법을 사용했는데, 생산량 측정을 개인별로 하는 게 아니라 막장이나 조(가다)별로 한꺼번에 합쳐서 인원수로 나누는 방법을 쓴다. 이럴 경우 개별 노동자들이 자신의 수입을 정확히 계산하기란 불가능했기 때문에 사실상 회사 측의 조정에 따를 수밖에 없었다. 게다가 막장에서 광차에 수북이 실린 석탄은 항외에 나오기까지 진동으로 부피가 줄어들기 마련이었는데, 대개 회사 측은 광차가 가득 차지 않았다는 이유로 10차 중 1차 정도를 계산에 넣지 않는 꼼수를 사용하여 광부들의 임금을 축소시켰다. 이 같은 꼼수를 광산에서는 일본어를 사용하여 '부비끼(ぶびき, 할인하다)'라는 용어를 사용했다. 1979년 동원탄좌에서 검탄원으로 일하던 김모 씨는 동원탄좌에서 3년 동안 부비끼를 통해 4천만 원이나 착복한 사실을 세상에 알리기도 했다. 이렇듯 광산 노동자들은 가혹한 노동 조건과 불합리한 임금 체계에 의해 지속적으로 고통받고 있었던 것이다.

이 외에도 광산 노동자들은 대부분 6~7평 단칸방에서 온가족이 함께 생활해야 하는 열악한 주거환경, 진폐증으로 인한 건강의 악화, 광부들의 일상을 감시하는 암행독찰제, 시세보다 훨씬 비쌌던 공판자의 물가 등으로 인해 광산 밖에서도 일상적으로 고통받을 수밖에 없었다. 광부들은 표현 그대로 삶의 '막장'을 벗어나기 위해 매일 '막장'에 들어가야만 했던 것이다. 이렇듯 오랫동안 구조적으로 축적된 고통과 불만은 1980년의 일련의 사건을 통해 통제 불가능한 수준으로 일순간에 폭발해 버리고 말았던 것이다.

* * *

1970년대 동원탄좌 사북광업소 노동조합은 조합원수 4,500명에 달하는 대규모 노조였다. 1964년 이 노조의 초대지부장과 2대 지부장으로 선출된 이재기가 1976년 제5대 지부장에 다시 당선되면서 동원탄좌 내부 갈등이 불거지기 시작했다. 이재기는 1969년 1천7백만 원의 보험금을 횡령하여 구속되었던 경력을 지닌 인물이었다. 그는 1976년 5대 지부장 선거 당시에도 형식상의 간선제를 이용하여 깡패를 동원하고 돈봉투로 대의원을 매수하여 노조를 장악했다. 4천여 명의 조합원을 확보한 지부장은 자재납품권과 인감거래(광부들이 물건을 외상으로 구입하고 임금에서 공제하는 제도)를 통해 상인들로부터 불법적 사례비를 상납받을 수 있었다. 이에 이제기 일당은 조합원의 권익에는 관심을 보이지 않고, 회사간부, 하청업체 사장, 지역유지 등과 일상적으로 술

동원광업소에서 시위하는 노동자들. 출처: (재)3·3기념사업회

판을 벌였다고 한다. 노동자들은 이 같은 노조의 행태에 분노했고, 1979년 제6대 지부장 선거를 앞둔 시점에서 본격적인 퇴진요구를 벌였다. 이는 1980년 사북항쟁의 핵심 단초가 되었다.

1979년 이재기는 대의원 정원을 늘리고 무자격 대의원인 비조합원 사무직원들을 대의원에 포함시키는 등의 방식을 통해 6대 지부장 선거에서 또 다시 재선되었다. 유력한 후보였던 이원갑은 선거무효를 주장하고 재선거를 요구하는 이의신청서를 전국광산노동조합에 제출했다. 이에 전국광노는 일련의 조사 끝에 선거 무효를 발표하고 재선거를 치르도록 조치했다. 그러나

1980년 2월, 이재기는 대의원 22명과 함께 제주도로 가서 대의원대회를 개최하고 재신임을 받아오는 초유의 사건을 일으키게된다. 1980년 3월, 이재기는 전국광노의 임금 인상안 가이드라인보다 훨씬 낮은 인상안으로 회사와 일방적인 합의에 도달함으로써, 노동자들의 불신과 분노를 더욱 증폭시키기도 했다.

1980년 4월 19일, 노조 사무실에서 거친 충돌이 발생했다. 이재기 지부장은 정선경찰서 사북지서에 신변보호요청을 했고, 출동한 경찰은 반대파 대의원인 신경을 연행해 갔다. 이 연행사건이 알려지자 갑방(오전 8시~오후 4시 근무) 퇴근 조합원 수백 명이 일시에 파출소로 몰려드는 사건이 발생했다. 놀란 경찰은 허가를 얻어 집회를 개최할 것을 조건으로 신경을 석방했다. 지서장의 말을 믿고 노동자들은 21일 집회개최를 준비하였으나, 사북지서장은 20일 노동자들에게 일방적인 집회불허를 통보했다.

사북항쟁의 시작 시점으로 알려진 21일, 집회 허가 약속불이행과 관련하여 노동자들이 노조사무실에 모여들었고, 50여 명의 경찰 또한 노조사무실을 에워싸기 시작했다. 노동자들이 급속하게 흥분하자 경찰들은 당황하기 시작했고, 경찰 지프에 타고 있던 경찰들이 노동자들을 무리하게 빠져나가려고 하는 과정에서 원일호 등 4명의 노동자들을 들이받고 타고 넘으며 도주했다.

이 사건에 대한 소문은 삽시간에 노동자 사택으로 퍼져나갔고, 오후 4시경 갑방 작업을 마친 500여 명의 광부들이 지서로 내려와 지서를 파괴하고 지서장에게 폭행을 가하는 사건이 발생했다. 이날 광산노동자와 그 가족들은 사택에 숨어 있던 지부장 이재기의 처를 찾아내어 린치를 가하기도 했는데, 부녀자들이 이에 적극적으로 참여했다고 한다.

22일에는 안경다리를 경계로 4백여 명의 기동경찰대와 노동자들이 충돌하는 사건이 발생했다. 경찰은 최루탄을 발사했고 노동자들은 돌을 던지고 나무기둥을 굴리며 저항했다. 오후 2시경 경찰은 노동자들과 그 가족들의 적극적 저항에 밀려 사북에서 완전히 철수했는데, 경찰 1명이 사망하고 수십 명이 중상을 입는 피해를 당했다. 격앙된 광부 수천 명은 사북으로 들어오는 모든 길목마다 바리게이트를 설치하여 출입을 제지하였고, 노동자를 몰래 감시해 온 암행독찰대의 집과 간부 사택 등을 일일이 찾아다니며 파괴하는 등 그동안 쌓였던 집단적 분노를 일순간에 폭발시켰다.

4월 24일 새벽, 노동자들과 정부는 이재기의 퇴진, 부상자 치료 및 일체의 보상, 상여금 인상, 하청업체 종업원 임금 인상 등의 내용을 포함하는 11개의 합의사항을 상호 간에 수용하며 나

시내에서 시위하는 노동자와 그 가족들. 출처: (재)3 ·3기념사업회

흘간의 충격적 사건을 갈무리했다. 나흘 동안 노동자들은 물론 부녀자와 어린아이들까지 거리로 쏟아져 나와 오랫동안 축적되어 왔던 분노를 일순간에 쏟아냈다. 그들의 목소리를 들어주어야 할 대상들이 모두 도시를 빠져나간 상태였지만, 이들은 듣는 이 없는 저항의 구호와 노래를 수일간 계속 외쳐 댔다. 지역민들은 자신들을 '폭도'로 규정하는 언론 기사들을 접하며, 경찰 대신 군인들이 들어올까봐 두려움에 떨기도 했다. 그러나 이들은 무기고를 털지는 않았다. 무기고에 손을 대는 순간 진짜 폭도가 될 수도 있다며, 오히려 밤잠을 설쳐가며 무기고를 지켰다. 여성들

은 거리에 솥을 걸고 밥을 지었다. 아이들도 거들었다.

애초 신군부는 사건 합의 과정에서 노동자들을 처벌하지 않기로 약속했었다. 그러나 기존의 약속과는 달리 5월 초 사북항쟁 관련자들 다수가 군인들에 의해 연행되어 가는 사건이 발생했다. 5월 7일부터 81명의 광산 노동자와 부녀자들이 계엄군에게 끌려가 혹독한 고문을 당했다. 사건 관련자로 구속된 이원갑, 신경 등 28명은 징역 최대 5년까지의 실형을 선고받았다. 이들은 2000년 4월 사북항쟁동지회를 결성할 때까지 사북에서 있었던 일들에 대해 침묵하며 살아가야만 했다.

광산촌의 흥망성쇠를 보여 주는 '뿌리관'

안경다리에서 멀지 않은 곳에 위치한 '뿌리관'은 광산 노동자와 그 가족의 일상은 물론, 1980년부터 1990년대 중반까지 지속된 사북 지역의 항쟁의 역사를 한눈에 보여 주는 역사박물관이다. 이 건물은 원래 동원탄좌의 복지회관이었다고 한다. 안경다리와 박물관 사이에는 넓은 야외무대가 마련되어 있는데, 과거 다양한 항쟁의 '뿌리'와도 같은 광장을 야외 공연장으로 꾸며 놓

뿌리관. ⓒ 김태우

은 것이다. 뿌리관의 뒤에는 검은 폐석산이 자리하여, 이곳이 광산 지역임을 실감하게 해준다. 석탄을 캐는 과정에서 함께 생산된 폐석들이 그곳에 쌓여 커다란 산을 이룬 것이다. 뿌리관 앞에는 1995년의 3·3합의 전문이 커다랗게 새겨져 있다. 3·3합의문은 1995년 사북·고한 주민들의 생존권 투쟁의 결과로서 정부로부터 쟁취해낸 투쟁의 산물이다. 이에 대해서는 뿌리관 2층에 자세한 내용이 전시되어 있다.

뿌리관 정문을 열고 들어서니 바로 왼편으로 1층 전시관 입구가 눈에 들어온다. 건물 전체가 고요하다. 방문자가 나 혼자임을 직감할 수 있었다.

전시관 안으로 들어가 전시물
을 둘러보려고 하는데, 일부 꺼
져 있던 조명들에 깜빡깜빡 불이
켜지며 나이 지긋한 어르신이 내
게 슬쩍 다가선다.

"탄광에 대해 좀 아시나요?"

"아, 네, 공부를 좀 하고 오긴
했습니다."

인감증. 출처: (재)3·3기념사업회

"그래요? 무엇에 관심이 있어서……."

"저는 현대사를 공부하는 역사학자인데요, 광부들의 일상과
사북항쟁 등에 관한 글을 좀 써보려구요."

"일상? 일상이라……. 그러면 이런 것에 관심이 있겠구만. 난
여기에서 일하는 역사해설사인데, 이리로 따라와 봐요."

해설사 어르신의 안내를 따라 역사관 가운데에 전시되어 있는
작은 신분증으로 시선을 옮겼다.

"이게 인감증이라는 건데, 요즘으로 따지면 신용카드 같은 거
예요. 광산촌에서는 이게 신분증이자 신용카드나 마찬가지였
지. 공판장에 이것만 가져가면 모든 물품을 외상으로 구입할 수

있었거든."

"아, 이게 인감증이군요. 사북에 관한 소설 속에서 봤던 기억이 납니다."

나는 이곳으로 오기 전에 사북에 관한 다양한 논저들을 읽기도 했지만, 두 편의 장·단편 소설을 더욱 흥미롭게 읽고 왔었다. 한편은 이옥수의 『내 사랑, 사북』이라는 장편소설이고, 다른 한편은 김금희의 『센티멘털도 하루 이틀』이라는 소설집에 수록된 「사북」이라는 단편소설이다. 『내 사랑, 사북』은 1980년 한 소녀의 짝사랑과 그의 가족들에 관한 이야기를 중심으로 사북항쟁의 진면목을 생생하게 보여 주는 소설이고, 「사북」은 강원랜드 설립 이후 그곳을 떠나지 못하고 배회하는 인간군상에 관한 작품이다. 특히 『내 사랑, 사북』은 1980년 당시 지장산 사택 거주민들의 삶을 놀라울 정도로 구체적으로 보여 주고 있는데, 이 소설에서 인감증과 관련된 대목을 읽었던 기억이 문득 떠오른 것이다.

해설사는 또 다른 전시물로 나를 이끈다.

"이거 한번 보세요. 이게 뭘 설명하는 걸까요?"

마네킹이다. 좀 조악해 보이긴 하지만, 남성과 여성 탄부를 묘사해 놓은 듯하다.

"여자도 막장에서 일했나요? 그런 기록은 못 본 것 같은

막장의 채탄 체험을 하고 있는 부녀자. 출처: (재)3·3기념사업회

데……."

"맞아요. 막장에서 일한 여성 광부는 없었어요. 실은 탄광촌의
골칫거리 중 하나가 여자들의 도박과 바람이었어요. 광산 노동
은 정말 혹독하거든요. 보통 제조업 노동보다도 몇 배로 힘들죠.
게다가 3교대로 일하다 보니 생활이 불규칙해서 제대로 쉬지도
못하고, 한 지붕 아래 네 가구가 가축처럼 모여 사는 사택에서는
낮에 잠도 제대로 잘 수 없고, 방음도 잘 안 돼서 부부관계도 쉽
지 않았어요. 그러다 보니 노름이나 춤바람에 빠지는 여자들이
많았는데, 이를 제어하기 위해 여자들에게 일종의 막장 체험을

시키곤 했죠."

"아, 그래요? 그럼 이 장면은 남편의 고생을 체험해 보기 위해 막장에 들어간 아내를 묘사한 거군요."

"맞아요. 얼마나 거기서 개고생하는지 여자들도 좀 알아야 한다는 거지. 그런데 이렇게 체험을 해본 여성들의 반응은 매우 다양했죠. 남편의 고생을 절절히 깨달으며 뒷바라지를 더 정성껏 하는 여자들이 있는가 하면, 어떤 경우는 이건 도저히 인간이 할 짓이 아니라며 남편을 끝끝내 설득해 광산촌을 떠나기도 했죠."

"정말, 막장일은 정말정말 힘든가 봐요."

"정말 힘들죠. 갱도 안에 세워 놓는 이 통나무들을 동발이라고 부르는데, 막장 안에 한번 들어갔다 나온 동발들은 불쏘시개로도 쓸 수 없어요. 나무마저도 완전히 진이 빠져서 잘 타지도 않는다는 거죠. 그런 곳이 막장이에요."

"네……."

"천천히 둘러보시고 궁금한 것 있으면 또 물어보세요."

"네, 감사합니다."

친절한 해설사다. 찾는 사람 많지 않은 박물관에 해설사로 있다 보니 자연스럽게 몸에 밴 친절일 수도 있지만, 과거 광산 노동자 출신으로서 자신과 지역의 역사를 널리 알리고자 하는 사명감 같은 것을 읽을 수 있었다. 중년의 해설사를 보내고 혼자 처음부터 찬찬히 둘러보니 의외로 재미있는 자료들이 많다.

일단 간략히 제시된 광산 용어 일람이 흥미롭다. 다른 무엇보다도 일본어로 된 용어가 많다는 사실이 제일 흥미롭다. 갱내의 지주목을 '동바리' 혹은 '동발'이라고 부르는데, 동바리의 가로를 '하리', 동바리의 세로를 '아시', 동바리와 동바리를 고정시키기 위해 그 사이에 댄 대를 '기리바리', '하리'를 수직으로 떠받치는 갱목을 '우찌바시' 등으로 불렀다. 그 외에도 막장의 제일 끝에서 직접 채탄 작업을 하는 선산부를 '사끼야마', 목재 등을 나르며 선산부의 채탄을 돕는 후산부를 '아다무끼' 등으로 불렀다. 한국의 광산들은 대부분 일제시기부터 최초로 개발되기 시작했기 때문에 최근까지도 광산 용어의 대부분은 이렇듯 일본어가 사용되었던 것이다.

탄광촌의 금기에 대해 전시해 놓은 내용도 흥미롭다. 출근할 때 여자가 가로질러 가면 출근하지 않는다. 출근하기 전 여자가 집을 방문하지 않는다. 남편 출근 시 기분을 상하게 하지 않는다. 도시락에 밥을 네 주걱을 푸지 않는다. 갱내에서는 휘파람을 불거나 뛰지 않는다. 갱내에서는 쥐를 잡지 않는다. 출근길에 짐승을 치면 그날은 출근하지 않는다.

위와 같은 많은 금기들은 일종의 미신으로 치부할 수도 있지만, 사실상 광산 노동의 위험성을 대변한 것으로 볼 수 있을 것이다. 모든 상황에 대비해 조심하고 또 조심하자는 것이다. 광산촌에서는 이 같은 금기를 무시할 경우 주변 사람들에게 호되게 당할 수도 있었다고 한다. 소설 『내 사랑, 사북』에도 이 같은 장면들이 여럿 등장한다. 기분 좋게 들떠서 아침 등굣길을 가던 소녀가 호되게 혼날 뻔한 장면이 등장하는 것이다.

> 아뿔싸, 큰일 날 뻔했다. 들뜬 마음에 아침마다 앵무새처럼 반복되는 엄마의 지겨운 당부를 깜빡 잊고 앞뒤를 살피지 않다가 헛기침 소리에 가까스레 발을 멈췄다. 등에 통이며 도끼, 곡괭이를 둘러메고 갑반으로 출근하던 한 아저씨가 내 앞을 지나가며 경고성 눈초리로 흘끔 돌아보았다.

다행히 소녀는 출근하던 이웃 광부 아저씨를 가로질러 가지는 않았지만, 만약 그러한 일이 발생했을 경우 이 아저씨에게 따귀를 맞아도 찍소리 못하는 것이 광산촌의 일상이었다. 그뿐만 아니라 일을 가던 사람이 재수 없다고 일을 안 가면 하루 일당까지 물어 줘야 했다. 이는 분명 불합리한 금기였지만, 이 법을 없애

보안교육 관련 문서들·노동운동 관련 자료들·동원탄좌 노동조건 개선 추진위원회의 발간지 〈함께 가자〉(아래). 출처: (재)3·3기념사업회

자고 하면 온 광산촌 사람들에게 몰매를 맞을 수도 있는 일이었다. 그 정도로 광산 일은 사방에 위험이 도사리는 위태로운 일이었고, 일상적으로 모든 이들이 광부들의 안위를 위해 조심하고 있었다.

역사학자인 나의 입장에서는 뿌리관 1층의 여러 전시물들 중에서도 사진, 문서, 신문, 전단 등과 같은 다양한 기록물들이 제일 흥미로웠다. 구체적으로 회사운영과 관련해서는 광산 입사지원서, 면담서, 노동법령예규 총람, 작업수칙, 출근표, 물품권, 사원증, 민원서류, 재해사례 분석표, 각종 영수증과 전표 등이 있다. 광산 노동자의 현실과 관련해서는 재해 노동자의 C.T. 촬영사진과 진폐환자의 X-Ray 사진, 순직한 광산노동자 사례표, 동원탄좌 노동조건 개선추진위원회 발행지 〈함께 가자〉, 삼척탄좌 노동조건 개선추진위원회 발행지 〈단결〉 등이 전시되어 있다. 1980년 사북항쟁과 관련해서는 1980년 당시 사북항쟁 관련 언론기사 스크랩, 정부로부터 민주화 유공자로 인정받은 사북항쟁 유공자들의 핸드 프린트와 사진, 진실화해위원회의 사북항쟁 조사 및 결정 내용 등이 가지런하게 나열되어 있다.

뿌리관의 2층에는 1995년 소위 '3·3생존권투쟁운동'과 현재의 사북에 관한 내용들이 제시되어 있다. 1962년 정부의 석탄 산업임시조치법에 의해 급속히 발전한 사북 지역은 1989년 정부의 석탄 산업합리화 정책의 실시와 함께 빠른 퇴보의 길을 걷게 된다. 석탄 산업합리화 정책을 도입한 이유는 석탄에 대한 의존도 저하와 석유에 대한 선호도 증가, 원자력발전의 석탄 대체, 채굴비용의 증가 등이었다.

석탄산업합리화 정책의 실시 후, 1988년 말까지 347개였던 탄광이 1990년 167개로 줄어들게 되었다. 사북의 동원탄좌 또한 1980년대 말까지 최대 51개 하청업체와 조광업체를 거느렸지만,

3 · 3생존권투쟁 시위 모습. 출처: (재)3 · 3기념사업회

1990년대 초 대부분의 하청업체와 조광업체가 폐업하자 사북 지역은 일시에 공동화현상을 빚게 되었다. 1990년대 초 매년 수백 명의 광부들이 일자리를 잃었고, 하루에 몇 가구씩 이삿짐을 꾸리는 일이 발생했다. 이에 사북 지역민들은 1993년부터 쓰러져 가는 지역을 살리기 위한 운동을 본격적으로 시작했다. 1993년부터 1995년까지 수차례 '고한 사북 주민 생존권 찾기 총궐기대회', '생업보장 토론회', '지역살리기 토론회' 등이 개최되었고, 심지어 핵폐기물 처리장 요구까지 강하게 개진되었다. 그 같은 지속적인 지역민들의 투쟁의 결과로 얻어낸 것이 '3·3합의'이며, 그 주요 내용은 폐광 지역을 고원관광지로 개발하기 위한 '폐광지역 개발촉진 특별법' 제정, 석탄의 적정 생산규모 유지 등이었다. 그리고 3·3합의문 도출 과정에서 현재 강원랜드 설립의 근거가 된 '내국인 출입 카지노 허용'이 구두로 발표되었다.

두 개의 하늘: '석탄역사체험관'과 막장 노동

뿌리관에서 생각보다 꽤 오랜 시간을 보냈다. 전시관에 놓여 있는 자료들을 일일이 들춰 보고, 사진을 찍고, 선 채로 관심 가는 자료들을 자세히 읽고 하다 보니 예상보다 꽤 긴 시간이 흐르고 말았다. 오늘의 일정은 이것으로 마치기로 하고 예약된 게스트하우스로 발걸음을 옮겼다. 모텔과 식당과 전당포의 숲을 지나 도시 바깥쪽의 커다란 두 개의 교회 사이에 위치한 게스트하우스에 여장을 풀었다. 국내 여행 중에는 대체로 호텔이나 모텔에 숙박했지만, 사북에서는 왠지 그러한 곳들에서 하룻밤을 보내는 것이 내심 불편했다. 그곳에는 도박과 관련하여 사북을 떠나지 못하는 장기 투숙자들이 꽤 많다는 사실을 알고 있었기 때문이다. 그런 이유로 나는 나이 어린 대학생들이나 인근 스키장 방문객들이 자주 이용하는 저렴한 게스트하우스를 이용하기로 했다. 게다가 이곳 사장님이 과거의 광부이자 등단한 시인이라는 사실이 나의 관심을 더 끌게 만들었다.

게스트하우스 사장님은 십여 년 간 광부로 지냈다는 경력이 믿기지 않을 정도로 맑은 피부와 중후한 목소리를 지닌 중년의 신사였다. 정선문인협회 사무국장이라고 스스로를 소개한 시인이자 게스트하우스 사장님인 고준성 선생님과 밤늦게까지 광산촌의 일상에 관한 재미있는 이야기를 나누었다. 옆에서 사모님도 거들었다. 주로 1980~90년대 광산 노동자들의 투쟁, 열악한 주거환경, 광산 노동의 가혹함 등에 관한 이야기들이었다.

동원탄좌 지장산사택, 현재의 강원랜드 소재지. 출처: 사북석탄유물보존위원회

　부부로부터 들은 이야기들 중에서 가장 흥미로운 것은 사택의 일상에 관한 이야기였다. 사북에는 본부사택, 새마을사택, 중앙사택, 지장산사택 등 4개의 사택촌이 있었는데, 각각의 사택촌에는 500~1,000여 가구의 사람들이 살았다고 한다. 사택으로 제공된 집은 초라하기 그지없었다. 그러나 이마저도 바로 들어갈 수가 없어서 사택 입성을 위해 약 1년의 대기 기간을 거치거나, 관리자에게 웃돈을 준 이후에야 들어갈 수 있었다고 한다.

　사택은 마치 돼지 축사처럼 생긴 슬레이트 지붕의 집에 4~5가구가 비좁게 모여 살았다고 한다. 가구당 크기와 구조는 모두 동

동원탄좌 중앙사택과 우물. 출처: 사북석탄유물보존위원회

일하여, 마치 두부모를 썰어 놓은 것처럼 길쭉한 사택을 정확하게 4~5등분하여 사용하였다. 각 가구는 6~7평의 방 하나와 부엌하나의 구조였다. 비바람을 막을 수 있는 지붕은 있었지만 천장이 없어서 옆집의 작은 소리까지 모두 들을 수 있었다. 소설 『내 사랑, 사북』은 지장산사택 지역을 "마치 사회책에 실려 있는 거제도 포로수용소 같았다"고 묘사한다. "키 큰 놈이 발을 쭉 뻗으면 발이 벽 밖으로 튀어나갈" 집, "한 칸에 네댓 식구가 서로 엉겨 붙어 새우잠을 잔다"는 토끼장 같은 집이었다. 화장실은 집밖의 공동화장실을 사용했고, 수도 시설도 제대로 갖춰져 있지 않

아서 멀리 물지게를 지고 우물물을 퍼 나르거나 겨우내 눈을 퍼다가 녹여 먹기도 했다. 그 시절에는 누구나 다 어렵게 살았다며 대수롭게 생각하지 않을 수도 있지만, 혹독한 병방(밤 12시~오전 8시) 노동 이후에도 제대로 된 휴식도 없이 한낮의 이웃 소음에 시달리며 잠을 청했을 광산 노동자들의 일상을 생각하니 가슴이 아려온다.

* * *

다음 날의 행선지는 과거 동원탄좌 건물을 그대로 활용하여 역사관으로 꾸민 '사북석탄역사체험관'이었다. 이곳은 뿌리관에서 멀지 않은 곳에 위치한다. 때문에 보통의 여행자들이라면 뿌리관 관람 직후 언덕길을 따라 올라가서 바로 석탄역사체험관을 보는 것이 나을 것이다.

석탄역사체험관으로 올라가는 경사진 언덕 양쪽에 전당포들이 즐비하다. 멀찍이 구동원탄좌 건물이 보이고, 이 언덕의 제일 끝자락 산꼭대기에 성처럼 솟아 있는 강원랜드 카지노의 모습이 보인다. 카지노 건물을 드라큘라의 성에 빗대었던 김금희의 단편소설 「사북」이 문득 떠오른다. 저곳에는 어쩌면 흡혈귀가 살고 있을지도 모른다는 공상을 하니 회색빛 하늘 아래 홀로 걷는

전당포와 임치된 자가용들, 원경의 구 동원탄좌 수갱 엘리베이터, 산 정상의 강원랜드.
ⓒ 김태우

언덕길이 더 스산하다. 저곳에서 현금을 모두 탕진한 사람들이 이곳까지 내려와 자신의 시계, 금붙이, 명품가방 등을 현금으로 바꾸어 다시 저 곳으로 돌아갔을 것이다. 그마저도 탕진한 사람들의 일부는 분에 못 이겨 자신이 타고 온 자가용까지 맡기고 도박을 지속한 모양이다. 자동차를 주로 취급하는 어느 전당포 앞에는 수십 대의 고급 세단들이 즐비하게 주차되어 있다. 잔혹한 자본주의의 민낯이다.

어제 뿌리관처럼, 석탄역사체험관에서도 방문객의 흔적을 찾을 수 없다. 회색빛의 건물과 조명 없는 검은빛의 실내가 훅훅

사북석탄역사체험관. ⓒ 김태우

차가운 한기를 내뿜고 있다. 건물 왼편으로 동원탄좌 수직 갱도
위에 설치된 탄광 엘리베이터가 눈길을 사로잡는다. 지하 수백
미터 막장에서 캐낸 석탄을 수직으로 끌어올리던 일명 '수갱'이
다. 건물의 정면에는 활짝 웃는 광부의 대형 초상과 함께 "나는
산업전사 광부였다"는 문구가 적혀 있다. 그렇다. 그들은 산업전
사였다. 1970년대 두 차례의 석유파동으로 국제 유가가 급등하

면서 석탄의 중요성은 더욱 부각되었고, 정부나 언론은 광부라는 말 대신 '산업전사'라는 호칭을 사용하기 시작했다. 광부들은 개발독재시대의 최전선에서 매일 목숨을 내놓고 싸우는 표현 그대로의 '전사(戰士)'였던 것이다.

건물 안에 들어서니 오히려 실내보다 더 한기가 느껴진다. 새하얀 입김이 사방으로 흩어진다. 인기척조차 없어서 마치 놀이공원의 귀신의 집에라도 들어온 것처럼 으스스하다. 원래 1층은 광부들의 샤워장, 세탁장, 매점, 작업물 보관소 등으로 활용되던 곳이다. 광산의 석탄 잔해들이 각종 시설물과 건물 곳곳에 배어 있어서 겉보기에 흉측하다. 그러나 역사학자 입장에서는 당대의 모습을 고스란히 보존하고 있는 건물 내부의 모습이 오히려 반갑다. 아마도 드라마나 영화 제작자들도 그렇게 생각했는지, 이 건물 내부를 배경으로 많은 드라마와 영화가 촬영되었다는 사실을 확인할 수 있다.

세탁장 한켠에는 개발독재시대의 유물과도 같은 '하면 된다'라는 문구가 액자 속에 담겨 있다. 이곳 광산에서는 1960~70년대의 유산이 2004년 폐광 시기까지 고스란히 전승되었을 것이라는 사실을 어렴풋이 짐작할 수 있다. 흥미롭게도 벽에 걸린 달력과 월중행사표가 2004년 10월로 박제된 채 고스란히 남아 있다. 10

동원탄좌 사무소의 세탁장의 모습(상, 중)과 광부들의 개인물품 보관함(하).
출처: 사북석탄유물보존위원회

월 30일 토요일 행사표에는 '송별회식, 18:00 혜원', 10월 31일 일요일에는 '마지막 세탁'이라는 글씨가 백묵으로 적혀 있다. 이곳에서의 시간들이 매우 힘들었겠지만, 글씨체에는 왠지 아쉬움이 남아 있는 듯하다.

건물 1층 샤워장은 이곳의 핵심적인 전시관 중 하나이다. 1995~98년 서근원 교수가 촬영한 광부들의 생생한 일상을 담은 사진이 이곳에 전시되어 있기 때문이다. 이곳 또한 군데군데 타일이 부서지고 유리거울도 깨져 있어서 으스스한 분위기를 연출하고 있다. 그런데 방 한쪽 안내문에는 노동자들 사용 당시 샤워장의 모습을 그대로 보존하기 위해 시설물을 수리하지 않았다는 안내문구가 적혀 있다. 개인적으로는 몇 년 전 체코에서 보았던 나치 독일 시대 유대인 수용소인 '테레진수용소'의 샤워실이 떠올라 마음이 뒤숭숭해지기도 했다. 과거 이곳은 한꺼번에 1,000명까지 샤워를 할 수 있는 대형 샤워장이었다고 하는데, 아마도 사북항쟁 이후에 만들어진 듯하다. 사북항쟁 이전 기록들을 보면 탄좌에 샤워실이 없어서 집에 와서 대충 물을 끼얹으며 탄가루를 씻어 냈다는 내용들이 등장하기 때문이다.

그 외 1층의 굴진·채탄 장비실에는 광부들의 손때 묻은 삽과 곡괭이와 착암기 등을 볼 수 있다. 광산 방문 기념품실과 광원

사진전시실로 사용되고 있는 샤워장. 출처: 사북석탄유물보존위원회

개인장구실에는 전직 대통령들을 비롯한 유명 인사들의 선물들도 전시되어 있는데, 다수의 낡은 시계, 라디오, 액자, 주전자 등을 통해 당대 열악한 사회상을 읽을 수 있기도 하다. 전직 대통령인 전두환, 노태우, 김영삼은 모두 탄부들이 입을 수 있는 겨울옷을 선물했는데, 노태우와 김영삼이 '대통령 선물'이라는 표현을 사용한 반면 전두환은 유독 '대통령 각하 하사품'이라는 표현을 사용한 사실을 확인할 수 있다. 통상적으로 '하사(下賜)'는 전근대 시기 임금이 신하에게 물건을 줄 때 사용했던 표현이다.

건물의 2~3층은 탄좌 산하의 각종 사무실들이 위치했던 장소이다. 2층의 첫 번째 전시실에서 볼 수 있는 것은 과거 사북에서 유행했던 수많은 말들의 향연이다. 당시 이 지역에서 유행했던 말이나 금기들이 여러 개의 작은 나무판 위에 인쇄·전시되어 있다. 이를테면 "개도 만 원짜리를 물고 다니던 동네"는 1970~80년대 불경기가 없던 탄광촌의 현금 유통 상황에 대한 표현이고, "사북은 팔도 공화국이요, 팔도 사투리 경연장"이라는 말은 석탄 호경기 시절 광부가 되기 위해 사북에 몰려든 전국 방방곡곡의 사람들의 모양새를 지칭한다. 모두 사북의 호시절에 대한 향수가 스며 있는 말들이라고 볼 수 있을 것이다.

반면에 "출근한 후 남편 신발은 항상 방 쪽으로 향해 놓는다", "집에 3천만 원짜리 흑돼지를 키운다", "광부 남편 도시락을 쌀 때는 절대로 4주걱을 담지 않는다", "같은 가다(동일한 근무조)는 제삿날도 같다" 등의 표현은 목숨까지 위협하는 채탄 업무의 위험성을 보여 준다. 신발을 방 쪽으로 두는 이유는 남편의 안전 귀가를 기원하는 마음의 표현이고, "3천만 원짜리 흑돼지"는 광부 남편을 지칭하는 것으로 광산 사고 순직사망 시 당대의 보상금 수준을 표현한 웃지 못할 농담조의 말이다. 또한 '네 주걱'을 푸지 않는 이유는 숫자 '4'가 사고와 죽음을 의미한다는 불길한 믿음으로부터 온 것으로서, 광산촌의 사택 또한 '4'를 전혀 사용

광부들이 사용하던 삽과 곡괭이(위)와 "대통령 각하의 하사품"이라는 표식이 붙어 있는 대통령 선물(아래). 출처: 사북석탄유물보존위원회

하지 않은 채 1, 2, 3, 5호와 같이 표기했다고 한다.

2층의 한방에는 1980~90년대 동원탄좌 노동자들의 노동운동의 역사를 보여 주는 각종 물품들이 전시되어 있다. 당시 시위 과정에서 사용되었을 다수의 나무 피켓, '단결 투쟁'이라는 문구가 선명하게 찍혀 있는 머리띠와 조끼, "탄광노동자 막장인생, 동원은 보장하라"와 같은 짧고 강렬한 문구들이 새겨진 대형 깃발, 시위 현장에 살포된 각종 전단 등이 이 방에 전시되어 있다.

> 나 태어난 이 광산에 광부가 되어, 탄 캐고 동발 지기 어언 수십 년, 무엇을 하였느냐 무엇을 바라느냐, 나 죽어 이 광산에 묻히면 그만이지, 아~ 다시 못 올 흘러간 내 청춘, 검은 옷에 실려 간 꽃다운 이내 청춘

뿌리관과 석탄역사체험관 곳곳에서 발견할 수 있었던 석탄광부가의 1절이다. 아마도 1980~90년대 광산 노동자들의 시위 과정에서 가장 빈번하게 불린 노래인 듯하다. "아들아 내 딸들아 서러워 마라. 너희들은 자랑스런 광부의 아들이다"라는 2절 가사에서 1절의 슬픈 회한을 날려버리는 듯했지만, 마지막 3절의 "기다리고 기다리다 이내 청춘 다 갔네"라는 부분에서 다시 노동

동원탄좌 노동운동의 흔적들, 출처: 사북석탄유물보존위원회

자의 억울함과 슬픔을 드러낸다. 아마도 적잖은 노동자들이 이 노래를 부르며 남몰래 눈물 흘렸을 것이다.

석탄역사체험관을 마지막으로 빠져나오는 길목에는 퇴근 길 장화를 씻어 낼 수 있는 수도 시설, 탄광갱도 입갱 체험장, 1970~80년대 사북 동원탄좌 노동자들의 고된 일상을 보여 주는 빛바랜 사진 액자 등이 전시되어 있다. 막장에 홀로 몸을 뉘이고 채탄에 열중하고 있는 노동자의 모습을 보면 누구나 숙연해지지 않을 수 없을 것이다. 매일 저곳에서 6시간 이상 목숨 걸고 중노동을 했을 수만 명의 광산 노동자들의 얼굴을 떠올려 본다. 어제 뿌리관에서 읽었던 광부 성희직 시인의 「광부 2」라는 시의 일부가 생각난다.

전생에 그 무슨 죄 지었기에
두개의 하늘을 이고 사는가

지하 수백 미터 땅굴 속에서 하루 여섯 시간
두더지는 그래도 맨몸이어서 좋으련만
몸무게보다 무거운 갱목 한 짐 등에 지고
막장까지 좁고 경사진 승갱도 100여 미터

생이빨 질정질경 씹어가며

기고 또 기어오르면

턱 끝에 차오르는 가쁜 숨에

방진마스크를 벗어 던지고

수분이 채 못 되어 목구멍이 칼칼해져

칵! 하고 내뱉은 가래침은

선혈보다 더 짙은 검은 덩어리

욕망의 도시를 떠나며

사북을 떠나며 사북을 떠나야만 했던 사람들에 대해 생각해
본다. 1990년대 전반기 사북의 석탄 산업이 급속히 위축되며 수
많은 사람들이 이곳을 떠났다. 노동의 막장을 찾아 이곳을 찾아
왔던 다수의 노동자 가족들은 또 다른 막다른 곳을 향해 발걸음
을 내디뎠다. 사북 주민들의 증언에 의하면, 수많은 광부의 가족
들이 또 다른 육체노동 일을 찾아 경기도 안산의 공단 지역으로
이주해 갔다고 한다. 다수의 이삿짐 업체 사람들이 일주일 사이
에도 수차례 사북과 안산 사이를 오갔다. 그리고 정확한 통계를

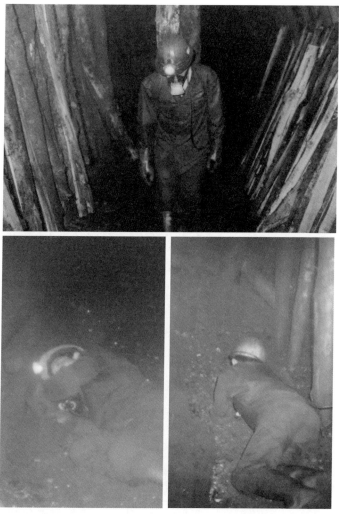

막장에서 외롭게 사투를 벌이고 있는 석탄 광부들. 출처: 사북석탄유물보존위원회

확인할 수는 없지만, 2014년 4월 16일 세월호 침몰 사고 당시 광부 출신 가족의 아이들이 배 안에서 희생된 사례들이 있다고 한다. 1970~80년대 강원도 탄좌의 막장에서 '산업전사'로 호칭되며 가혹하게 희생되었던 광산 노동자들. 그들의 아이들이 또 다시 한국 자본주의의 구조적 모순이 집약된 세월호 사건에 의해 희생되었다는 사실을 듣게 되었을 때 가슴이 찢어지는 듯한 비통함을 느꼈다.

이제 사북은 또 다른 변화를 모색해야 할 시기이다. 2000년경부터 카지노 수입의 일부가 지방세로 들어오고, 카지노를 중심으로 접근도로망 확충과 각종 중소형 건설공사들이 잇달아 벌어질 때만 해도 사북의 미래는 장밋빛으로 보였다. 그러나 가족형 리조트를 지향했던 강원랜드 초기 투자가 단순 카지노 영업시설 중심으로 이루어지면서 도박중독, 가산탕진, 범죄확산과 같은 사회적 부작용이 크게 부각되기 시작했다. 사북 지역에서도 일부 지역민들이 도박에 빠져 탄광 노동과 자영업을 통해 어렵게 모은 재산을 탕진하는 사례가 속출했고, 사북 거리에는 안마시술소와 유흥업소와 전당포들이 난립하며 주거환경과 교육여건이 크게 악화되었다. 이렇듯 도시환경이 나빠지고 탄광시절의 공동체적 삶마저 파괴되면서 가족들을 외지로 이전시키는 기러기 가족 현상이 심해졌다. 그 결과, 한때 인구 5만을 넘어섰던 광산도시는 2015년 인구 6천 명 선으로 축소되었다. 사북 읍내의 초등학교는 한때 전국 최대 규모를 자랑했지만, 지금은 폐교 상태이다.

사북을 떠나는 길 위에서 광부 출신의 현지 주민의 당부를 떠올려 본다.

"요즘 정부가 박정희 대통령 시절 독일 광부들에 대한 이야기를 많이 하잖아. 맞아. 그 사람들도 고생 많이 했지. 그렇지만 진짜 훨씬 안 좋은 대우 속에서 힘들게 일했던 사람들이 국내 광부들이야. 이 사람들이 열심히 석탄을 캐냈기 때문에 석유파동 때도 우리나라가 견뎌낸 거 아닌가?"

"네……."

"산업전사라는 말이 완전히 공허한 말은 아니라고. 그때 석탄이 아니면 석유파동은 어떻게 이겨내고, 발전소는 어떻게 돌렸겠냐고. 막말로 석탄이 없었으면 지금 우리 땅도 북한처럼 벌거숭이가 됐을지도 모르지. 다 불쏘시개로 쓰느라고. 그런 걸 좀 알려 줘. 한국 경제발전의 초석에 진짜 뭐가 있었는지. 누가 진짜 경제발전의 주역이었는지 말이야."

내가 역사를 공부하고 가르치는 사람이라는 말을 듣고서는 일
장연설을 늘어놓으셨다. 말에서 뿜어져 나오는 기운이 예사롭
지 않다. 가슴속에 응어리진 말이다. 아마도 이 광부는 그 옛날
의 수많은 광부들을 대변하고 싶었던 모양이다. 그 옛날 우리는
억압받고 무시당했지만 이제라도 제대로 평가받고 싶다고, 목
숨 내놓고 탄가루 마셔 가며 일했던 자신들의 일상이 더 많은 이
들에게 제대로 알려져야만 한다고, 1979년 부마항쟁과 1980년
5·18광주민주화운동의 사이에 사북항쟁이 있었다는 사실을 기
억해 달라고.

돌아오는 차창에서도 진눈깨비들의 쓸쓸한 유영을 본다.
참다참다 더 이상 참을 수 없는 지경에 이르러
눈물 되어 추락하다 차가운 얼음 되어 날리는 것들.

터덜터덜 청량리행 열차가 차가운 겨울산을 날렵하게 빗겨간다.
경적이 울고
바람도 운다.

02

국립5·18민주묘지와 금남로

남겨진 사람들의 도시에서 한국 '민주주의'의 미래를 그려 보다

518번 버스에서

  5 · 18기념공원 정거장에서 518번 버스를 타고 5 · 18묘지를 향해 간다. 광주에는 이틀째 18cm가 넘는 폭설이 내렸다. 수십 년만의 폭설이라고 한다. 이제 눈은 그쳤지만, 예년에 없던 한파가 몰아치면서 광주 거리는 온통 빙판으로 변했다.

  수십 년만의 폭설과 한파라.

  괜히 혼자서 과장되게 읊조려 본다.

  편히 오지 말라는 건가?

  광주 시내의 5 · 18기념공원에서 국립5 · 18민주묘지(정식 명칭)까지는 버스로 한 시간이 넘게 걸린다. 예전에 전남대에서 내 강연을 들었던 한 젊은 연구자가 나를 5 · 18묘지까지 태워 주겠다고 제안했지만 공손히 거절했다. 남에게 폐 끼치는 것을 천성적으로 싫어하는 부분도 있지만, 왠지 5 · 18묘지로 가는 길은 불편하게 가는 것이 맞겠다는 생각도 들었기 때문이다. 청소차에 실려 그곳에 버려졌던 숭고한 육신들, 한국 민주주의의 정신적

근간이 된 사람들을 만나러 가는 길에 어찌 평안함을 쫓으랴.

때마침 518번 버스는 항쟁의 중심지였던 금남로를 지나간다. 멀리 흰색의 구 전남도청 건물이 보인다. 홀로 상상해 본다. 그날의 함성을, 그날의 총성을, 그날의 울부짖음을. 마치 고인들의 운구행렬이 과거의 기억을 더듬어 가는 것처럼, 518번 버스는 광주 시내 곳곳을 훑으며 천천히 시 외곽으로 빠져나간다.

한 시간이 넘게 걸리는 시내버스에서 한강의 『소년이 온다』를 꺼내들었다. 고요히 흐르는 강의 물결처럼 다소곳한 외모를 지닌 여성 작가의 사진이 눈에 들어온다. 평소 즐겨듣던 팟캐스트에서 그녀의 목소리를 들었던 기억을 끄집어낸다. 그녀의 얼굴과 잘 어울리는 아늑한 목소리였다.

그러나 버스 안에서 내가 펴든 소설 속의 묘사는 전혀 아늑하지도 고요하지도 않다. 춥고, 어둡고, 무섭고, 음습하다. 끔찍하도록 고요한 적막 속에서 절규가 넘쳐흐른다. 읽는 행위 자체가 쉽지 않다. 이토록 힘들고 고통스런 장면을 한 글자 한 글자 손가락으로 꾹꾹 눌러 문장으로 찍어 냈을 작가의 고통에 대해 상상해 본다.

지금, 그녀의 심장은 괜찮을까?

소설은 1980년 5월 27일 전남도청에서 숨을 거둔 한 소년에 관한 이야기임과 동시에, 그의 주변에 남겨진 사람들의 고통스럽고 지난한 정신적 외상에 관한 이야기다. 그 외상은 이 소설이 안겨 주는 고통을 꾸역꾸역 참아가며 끝까지 읽어 나갈 때 그나마 아주 희미하게 느낄 수 있는, 그 같은 상황에 처해 보지 않고서는 제대로 인지하기 힘든 혹독한 성격의 상처이다. 이 소설의 독서의 가치는 그 같은 괴로움에 대한 일말의 공감만으로도 충분하다 할 것이다.

　책을 접으며 홀로 되뇌어 본다.

　아픔을 간직하고 있는 도시. 이곳은 남겨진 사람들의 도시구나.

국립5·18민주묘지: 적막 속에 울리던 절규

　버스에서 내리니 "국민과 함께하는 아름다운 국립5·18민주묘지"라는 커다란 세움 간판부터 눈에 들어온다. '국민'과 '아름다운'이라는 표현이 이곳의 영혼들에게 위로가 될까, 하고 잠시 고개를 삐딱하게 기울여 세움 간판을 멀겋게 바라보았다. 이곳에 묻힌 사람들이 대한민국의 국민이었음을 자랑스러워할까?

국립5·18민주묘지 입구. ⓒ 김태우

어쨌든 남겨진 사람들에게 이는 중요한 문제였을 것이다. 비국민(非國民)으로 간주되면서 무참히 학살된 희생자들의 정당한 복권을 위해 '국민'이라는 표상은 중요했을 것이다. 사실상의 연좌제가 존재했던 군사독재시기에는 더욱 더 그러했을 것이다.

널찍한 기와지붕을 머리에 얹은 '민주의 문' 위에 하얀 눈이 소복이 내려앉아 있다. 이 문을 지나면 이내 원경(遠景)의 묘지들과 정면으로 마주하게 된다. 나는 2006년 이후 십 년 만에 이곳을 다시 찾았다. 십 년 전 아르헨티나에서 유학 온 대학원 후배(자칭 '체게바라의 동문')와 함께 십여 일에 걸쳐 5·18묘지, 전남도청사, 노근리학살지, 벌교(소설 『태백산맥』의 배경), 김남주 생가 등으로 일종의 치유와 사유를 위한 평화기행을 떠났던 추억이 떠올랐다. 문득 그날의 내가 그립다는 생각이 파고든다.

십 년 전과 크게 달라진 것은 없다. 가시적으로 확연히 달라진 것은 정문으로 들어서며 왼편에 보이는 대형 '추모관' 건물이었다. 저곳은 제일 마지막에 들어가 봐야겠다고 맘먹는다.

십 년 전과 동일한 위치에 비치되어 있는 방명록이 눈에 들어왔다. 오전 10시 반을 넘어가고 있었지만 아직 오늘자 방명록은 덩그러니 비어 있다. 경내에도 스산한 바람만이 몰아칠 뿐, 사람의 흔적이 보이지 않는다. 기록적 한파와 빙판길을 무릅쓰고 누가 평일 오전부터 이 외진 곳에 찾아오겠는가. 눈이 하얗게 덮여 있는 인적 없는 묘역을 바라보니 왠지 가슴이 뛴다. 오롯이 나 홀로 저들과 독대할 수 있겠구나. 방명록의 제일 첫머리에 내 이름 석 자와 짧은 문장을 남긴다.

기억하겠습니다. 감사합니다.

다행히 묘역으로 들어가는 진입로에는 눈이 없다. 눈이 한창

국립5·18민주묘지 추모탑. ⓒ 김태우

내리던 이틀 내내 이곳의 직원들이 정성스레 퍼내고 쓸어 냈으리라. 정면의 추모단에 향을 피우고 잠시 고개를 숙여 묵념을 올린다. 방명록에 기록한 문장과 동일한 문장을 입 밖으로 조용히 내본다.

기억하겠습니다. 감사합니다.

내 입술과 혀를 통해 소리로 발화되는 순간, 글로 쓸 때는 느낄 수 없었던 감성이 짧은 순간 일어났다 가라앉는다. 차갑게 식어 있는 향로인 줄 알았는데 일순간 회색빛 연기를 토해 내며 나를 포근하게 감싼다. 연기에도 온기가 있는 걸까? 따스함을 느끼며 묘역으로 향하는 계단을 천천히 오른다.

* * *

5·18민주화운동은 1980년 5월 18일부터 27일 새벽까지 열흘 동안 광주 시민들이 신군부 세력 하의 계엄군에 맞서 '비상계엄 철폐', '유신세력 척결' 등을 외치며 죽음을 무릅쓰고 항거한 역사적 사건을 지칭한다. 사건은 5월 18일 계엄군이 전남대학교 정문 앞에서 등교하는 학생들을 막아 세우고, 항의하는 학생들에게 무차별적으로 폭력을 행사하며 본격적으로 시작되었다. 광주 시민들은 계엄군의 폭력적 진압방식에 대한 소식을 전해 듣

1980년 5월 20일 금남로에 등장한 200여 대의 차량시위대. 출처: 5 · 18기념재단

고 하나둘 전남도청으로 몰려들기 시작했다. 계엄군의 무차별적 폭력도 급속히 증폭되어 갔다. 20일 저녁, 금남로에는 버스, 화물차, 택시 등으로 구성된 200여 대의 차량 시위대가 출현했다. 분노한 군중은 노동청과 세무서로 몰려가 정부의 잔혹한 진압을 규탄했고, 광주의 상황을 제대로 보도하지 않는 방송국에 찾아가 항의하기도 했다. 이 과정에서 광주 MBC방송국 건물이 화염에 휩싸였다.

5월 21일에 이르러 항쟁은 새로운 국면으로 접어들기 시작했다. 오후 1시경 금남로에 애국가가 울려 퍼지더니, 계엄군이 전남도청 앞의 시민들을 향해 무차별적으로 총탄을 난사하기 시작한 것이다. 저격수는 조준 사격을 했다. 다수의 시민들이 총탄을 맞고 금남로에 쓰러졌다. 간신히 인근 건물이나 골목길로 숨어들었던 사람들도 금남로 한복판에 쓰러진 부상자나 시신을 수습하기 위해 거리로 달려 나갔다가 계엄군의 조준사격에 의해 비극적으로 고꾸라졌다. 광주 시내의 병원은 이송된 환자와 시신으로 넘쳐났다. 시민들은 스스로를 지키기 위해 무장하기 시작했다. 광주·전남 일대의 경찰서와 예비군 탄약고에서 무기를 꺼내든 것이다. 이날 오후 5시 30분경 계엄군은 전남도청에서 일시적으로 철수했다.

　계엄군이 물러나고 시민군이 전남도청을 사수한 5월 22~27일 새벽까지, 시민들은 자력으로 광주를 해방구로 만들어 세계사에서도 그 유래를 찾아보기 힘든 자치공동체를 실현해 나갔다. 광주시민들은 계엄군과 치열하게 부딪혔던 현장을 수습하기 위해 적극적으로 협력하고 소통했다. 전남도청 분수대에서는 매일 '시민궐기대회'가 개최되었다. 궐기대회에서는 사건의 진상과 정황을 알리는 성명서와 〈투사회보〉 등의 유인물이 배포되

시민들에게 음식물을 만들어 제공하는 부녀자들. ※ 출처: 5 · 18기념재단

었다. 사람들은 거리에서 주먹밥과 빵을 대가 없이 나누어 주었고, 부상자를 돕기 위해 헌혈을 하는 등 함께 살아가는 공동체를 자발적으로 실현해 나갔다. 도시 폭동이 일어나면 의례히 발생하는 폭력과 탈취 행위도 찾아볼 수 없었다. 광주에서는 식료품 가게 하나조차 습격을 받은 사례가 보고되지 않았다. 세계사적으로도 보기 드문 현상으로서, 5 · 18관련 기록이 세계기록문화유산으로 인정받은 중요한 이유 중 하나가 되었다.

5월 27일 새벽, 젊은 여성의 낭랑한 목소리가 고요한 도시 곳곳으로 아프게 파고들었다.

"계엄군이 쳐들어오고 있습니다. 시민 여러분. 우리를 잊지 말아 주십시오."

일군의 청년들이 전남도청에 남았다. 그들은 자신들의 보잘것 없는 무기로 공수부대에 맞서 도청을 사수해낸다는 것이 불가능하다는 사실을 잘 알고 있었다. 그래도 그들은 남았다. 자신의 죽음을 알면서도.

27일 새벽 4시경, 계엄군은 도청을 향해 진군해 들어갔다. 교전 시간은 1시간 남짓에 불과했다. 많은 시민군이 사살되었다. 이날 이곳에서 얼마나 많은 이들이 머물렀고, 얼마나 많은 이들이 죽었는지 아직까지 명확하게 밝혀지지 않고 있다. 이들의 시신은 쓰레기 더미처럼 함부로 끌리고 던져지고 훼손되었고, 청소차에 실려 망월동 묘지에 층층이 버려졌다.

* * *

이곳 국립5·18민주묘지는 5·18신묘역이라고도 불린다. 원래 '망월동 묘지'로 불렸던 구묘역과 구분하기 위함이다. 1993년 문민정부 수립 후 이 일대의 성역화 작업이 시작되었고, 1997년 지금의 신묘역이 완성된 이후 구묘역의 시신들을 이곳으로 이장해 올 수 있었다. 다시 말해 1980년 당시 희생자들은 모두 현재의 신묘역에 자리 잡고 있으며, 5·18민주화운동의 직·간접적 영향에 의해 희생된 다수의 인물들 또한 신묘역에 묻혀 있다.

1980년 당시 처참하게 훼손된 주검들이 층층이 쌓여 있던 구묘역은 현재 광주광역시의 사적지로 지정되어 소중하게 보존·관리되고 있다. 구묘역은 현재의 신묘역에서 멀지 않은 곳에 자리 잡고 있으니, 국립5·18민주묘지를 방문하는 사람들이라면 예외 없이 구묘역도 돌아보길 바란다. 만약 당신이 한국의 민주화운동과 노동운동에 대해 조금이라도 관심 있는 사람이라면, 구묘역에서 어렵지 않게 수많은 역사적 인물들과 감동의 조우를 할 수 있을 것이다.

* * *

향로가 뿜어낸 따스한 온기를 몸에 품은 채 추모단 뒤편의 계단을 천천히 오른다. 시선을 먼 곳으로 옮기며 묘역 전체를 넓게 개관해 본다. 이곳에 누워 있는 이들 중에 누구 하나 억울하지 않은 이가 있겠는가? 누구 하나 소중하지 않은 이가 있겠는가?

묘역에는 지난 이틀에 걸쳐 내린 눈이 소복하게 쌓여 있다. 차

디찬 얼음 결정의 축적물에 불과한데, 왠지 묘역을 따뜻하게 품고 있는 것 같은 착각이 든다. 흰색의 순수가 성스러움을 더한다.

흰 눈밭을 밟으며 옆으로 나아간다. 뽀드득뽀드득. 한파에 단단히 얼어붙은 눈밭이 발아래에서 특유의 소리를 만들어낸다. 제일 하단에 자리 잡고 있는 제2묘역 첫줄의 한 묘소 앞에서 발걸음을 멈추었다. 묘비의 오른편에 낯익은 청년의 얼굴이 눈에 들어온다. 시민군 대변인 윤상원이다.

십 년 전 대학원 후배와 함께 왔을 때에도 가장 오래 머물렀던 곳이 윤상원과 박기순의 합장묘였다. 굉장히 소박한 논리였지만, 역사학을 공부하는 사람으로서 어떻게 이들 앞에서 부끄럽지 않은 삶을 살 수 있을 것인가에 대해 이야기했던 기억이 난다. 문득 "그대는 나에게 하나의 채찍 가책"이라는 문병란의 시 「그대의 무덤 앞에서 – 다시 불러보는 부활의 노래」가 떠오른다.

그대는 나에게 하나의 채찍 가책이다.

그대를 죽인 살인자들 틈에 끼어

또 하나의 작은 살인자 되어

지식을 팔고 논리를 팔고

나의 무능 나의 비겁 합법화시키며

가식의 꽃다발을 얹는 털 난 손들과 손을 잡는

나의 손은 또 하나의 더럽혀진 손……

이 손으로 드리는 기도를 경계한다

이 손으로 바치는 꽃다발을 경계한다

현대 한국사회에서 지식인으로 살아가면서 윤상원의 무덤 앞에서 떳떳할 수 있는 사람이 몇이나 될까? 후대의 많은 사람들이 항쟁 과정에서 쓰러져간 무수히 많은 열사들의 의로운 희생을 소중히 여기면서도, 5월의 상징적 인물로 윤상원을 주저 없이 꼽는 이유는 무엇일까?

윤상원은 1980년 5월 27일 전남도청 함락 당시 시민군의 대변인을 맡았던 인물이다. 1950년 전남 광산군(현재의 광주광역시 광산구) 출생으로, 광주에서 중·고등학교와 대학교(전남대 정치외교학과)까지 마쳤다. 1971년 전남대 입학과 함께 '부정부패 척결, 교련 반대'를 주장한 학생 시위에 적극 참여했고, 1976년 민청학련 관련자들인 이강, 윤한봉, 윤강옥 등과 교분을 시작했다. 1978년 졸업과 동시에 주택은행에 취업하여 서울에서 근무했으나, 동료들로부터 광주의 정치적 사정을 전해들은 후 6개월여 만에 사직하

윤상원과 박기순의 합장표. ⓒ 김태우

고 광주로 내려왔다. 같은 해 박기순, 최기혁으로부터 들불야학에 참여해 달라는 요청을 받고 강학 활동을 시작했다. 5·18항쟁 당시 들불야학 동지들과 전단 제작·살포작업을 하며 시가지 투쟁에 합류했다. 5월 21일 〈투사회보〉 1호를 제작·배포했다. 항쟁을 지속하다가 5월 27일 새벽 전남도청에서 복부에 총상을 입고 사망했다. 이날 상반신이 불탄 시신이 공개되었고, 5월 28일 시청 청소차로 운송되어 망월동 묘지에 '관번호 57, 검안번호 4-1,

묘지번호 111'을 달고 성명불상자로 처리되어 가매장되었다.

이상이 고 윤상원 열사에 대한 간단한 이력이다. 위의 이력만으로는 왜 윤상원이라는 인물이 한국 민주주의의 상징적 인물이 되었는지 이해하기 쉽지 않다. 물론 그가 대학교 재학 시절부터 한국 민주주의의 성장과 노동자를 위한 운동에 남다른 희생정신을 발휘했다는 것은 분명한 사실이다. 그러나 그와 비슷한 이력을 지닌 이들이 이 땅에 한둘이겠는가?

그럼에도 불구하고 윤상원이 지속적으로 조명 받고 기억되는 이유는 1980년 5월 한국의 민주주의가 위기에 처한 현장에서 자신의 목숨을 바쳐 이 땅의 민주주의와 평화를 사수하고자 하는 매우 결연하고 희생적인 의지를 구체적으로 보여 주었다는 데 있을 것이다. 1980년 전남도청에서의 최후항전 주도세력은 기존의 민주화운동과 노동운동의 연장선 속에서 자신의 항쟁을 위치 짓고 있었고, 이에 호응한 학생과 노동자들은 이 같은 호소에 대한 개인적인 자기 양심의 울림에 따라 끝까지 그곳에 남아 있었다. 도청에 남으면 자신이 죽을 것이라는 사실을 분명하게 알았음에도 불구하고.

도청 최후항전 전날인 5월 26일 시민군 대변인 윤상원은 10여 명의 외신기자들을 대상으로 기자회견을 열었다. 〈볼티모어 선

(The Baltimore Sun)〉지의 마틴(Bradley Martin) 기자는 그날의 윤상원을 분명하게 기억했다.

> 분명히 살아 있는 모습으로 내 마음 속에 그릴 수 있는 한 명의 희생자가 있다. 그는 바로 5월 26일 외신기자회견을 열었던 시민군 대변인이다. 나는 광주의 도청 기자회견실 탁자에 앉아 그를 정면으로 바라보며 이 젊은이가 곧 죽게 될 것이라는 예감을 받았다. 그의 두 눈이 나를 향해 다가오자 나는 그 자신 스스로도 자신이 곧 죽게 될 것임을 알고 있을 것이라고 생각했다. …… 나에게 충격을 준 것은 바로 그의 두 눈이었다. 바로 코앞에 임박한 죽음을 분명히 인식하면서도 부드러움과 상냥함을 잃지 않는 그의 눈길이 인상적이었다.

자신의 죽음을 분명히 인지하면서도 그 죽음을 수용하기로 맘먹은 결연한 희생정신은 어떻게 배태될 수 있었을까? 그것은 어쩌면 양심이라는 매우 소박하고 순진한 마음, 그러나 그 이전까지의 자신의 삶에서 느낄 수 없었던 인간의 숭고함에 대한 경탄과 그에 대한 존중으로부터 시작되었을지도 모른다. 소설가 한강은 그의 소설에서 다음과 같이 술회한다.

군인들이 압도적으로 강하다는 걸 모르지 않았습니다. 다만 이
상한 건, 그들의 힘만큼이나 무엇인가가 나를 압도하고 있었다
는 겁니다.

양심.

그래요, 양심.

세상에서 제일 무서운 게 그겁니다.

군인들이 쏘아 죽인 사람들의 시신을 리어카에 실어 앞세우고 수
십만의 사람들과 함께 총구 앞에 섰던 날, 느닷없이 발견한 내 안
의 깨끗한 무엇에 나는 놀랐습니다. 더 이상 두렵지 않다는 느낌,
지금 죽어도 좋다는 느낌, 수십만 사람들의 피가 모여 거대한 혈
관을 이룬 것 같았던 생생한 느낌을 기억합니다. 그 혈관에 흐르
며 고동치는, 세상에서 가장 거대하고 숭고한 심장의 맥박을 나
는 느꼈습니다. 감히 내가 그것의 일부가 되었다고 느꼈습니다.

그날 그곳의 학생과 노동자들을 머릿속에 떠올리며 발걸음을
옮긴다. 윤상원의 묘에서 멀지 않은 곳에 박관현의 묘소가 눈에
들어온다. 박관현은 아마도 광주 현지의 사람들로부터 가장 사
랑받는 역사적 인물 중 한 명일 것이다. 실제 박관현의 묘비 뒷
면은 그곳을 쓰다듬은 무수한 사람들의 손길에 의해 글자들이

마모되어 있다. 얼마나 많은 사람들이 애정으로 보듬었으면 이렇듯 묘비가 닳을 수 있을까?

박관현은 5·18민주화운동 당시 전남대학교 총학생회장을 맡고 있던 젊은 인재였다. 그는 1953년 전남 영광군 출생으로 광주에서 중·고등학교를 마쳤다. 1979년 광주공단 주변의 등불야학 강학활동을 하면서 지역사회개발운동(빈민운동)을 동시에 전개했다. 윤상원, 박기숙 등과의 만남도 등불야학에서 이뤄졌다. 1980년 전남대 총학생회장으로 선출되어 5월 14~16일 도청 앞 광장에서 열린 '민족민주화 성회'를 주도했고, 이곳에서의 탁월한 웅변력과 지도력으로 인해 시민들 사이에서 '광주의 아들', '5월의 아들'로 부상했다. 5·17 계엄확대조치로 수배를 받고 여수로 피신했다. 1982년 '내란 중요 임무 종사'로 구속 수감되어 그해 7월부터 단식투쟁에 들어갔다. 그해 10월 '장기 단식으로 인한 급성 심근경색증' 진단을 받고 중환자실에 입원했고, 10월 12일 새벽 2시 피를 토하다 절명했다. 살아남았음을 부끄러워하던 29살의 꽃다운 청춘이 그렇게 우리 곁을 떠났다. 재일동포 시인 김시종은 「입다문 언어—박관현에게」라는 시를 통해 한 젊음의 죽음을 이렇게 애도했다.

박관현의 묘. ⓒ 김태우

떳떳한 생을 내걸어

사내는 벽 속의 평온을 끊었다.

음식을 끊고

협박을 끊고

불성실을 끊고

생명을 끊었다.

시들어 죽은 죽음이 아니라

굶주린 아가미로 압제의 썩은 고기를

처넣은 죽음이다.

민주열사들의 안식처 '5·18 구묘지'

신묘역을 뒤로 하고 경내(境內)의 '역사의 문'과 '숭모루'를 지나
가면 5·18 구묘역으로 이어지는 낮은 언덕을 발견할 수 있다.
3~4미터 폭의 좁은 숲길 양쪽으로는 김남주, 문익환, 고정희 등
의 시비(詩碑)가 세워져 있다. 모든 시들은 5·18민주화운동과
관련된 것들이다. "음모와 착취로 뒤덮힌 이 땅"을, "너희들이 팔
아먹은 탄환으로 벌집투성이가 된 내 조국의 심장"을 보아달라
고 호소하는 김남주의 시가 눈에 들어온다. "너를 여기 둔 채 외
치는 그 어떤 역사도 역사 아니다"라고 외치는 이시영의 「무명용
사의 무덤 곁에서」를 소리 내어 읽어 본다.

낮은 언덕의 꼭대기에 오르자마자 눈부시게 새하얀 설경이 눈
앞에 펼쳐진다. 이틀의 눈보라와 한파가 지속되는 동안 구묘역
을 찾은 사람이 한명도 없었던 모양이다. 사람 발자국 하나 찾
아볼 수 없는 순백의 소담스런 눈밭이 경탄을 자아낸다. 아름다

흰눈에 덮여 있는 5·18 구묘지. ⓒ 김태우

움에 대한 경탄과 희생자들에 대한 애틋함이 내적 갈등을 일으
킨다. 이들의 행적과 영혼 자체가 아름답기 그지없기에, 눈 덮인
묘지를 아름답다 해도 괜찮을 것이라며 내 안의 갈등을 달래 본
다.

완전한 정적과 순백의 아름다움.

인근의 공원묘지에 이르기까지, 시야에 보이는 수 킬로미터의
장대한 눈밭 위에 사람이라고는 오직 나 하나뿐이다. 이런 호사
를 누가 누려 보겠는가. 이곳에 수십 차례 다녀간 사람들조차 이
런 고요와 아름다움의 호사를 경험하지는 못했으리라.

이 분들이 내게 준 작은 선물이구나.

순간, 눈물이 핑 돈다.

실은 때마침 감기도 걸려 쉽지 않은 여행길이었다. 어제 만난
광주 현지의 한 선배는 그 먼 곳까지 굳이 무리해서 가지 말라고
충고까지 해주었다. 나 또한 이미 몇 차례 가봤는데 이 궂은 날
씨에 무리해서 갈 필요가 있을까, 하고 잠시나마 고민했었다. 그
러나 이곳의 아름다운 영혼들은 나를 위해 이렇듯 놀라운 선물
을 준비해 두고 있었다.

아래로부터 천천히 구묘역을 둘러본다. 한 걸음 한 걸음, 신묘
역에서보다 더 깊게 눈밭에 빠지며 걷게 된다. 한 묘소 앞에서

문득 발길을 멈춘다. 묘 주변에 산새의 발자국들이 어지럽게 찍혀 있다. 묘 앞에는 노랗게 익은 감 몇 덩이가 속을 드러낸 채 흩어져 있다. 자연스레 '까치밥'이라는 단어가 머릿속에 떠오른다.

까치밥은 늦가을에 감나무 위의 감을 모조리 수확하지 않고 까치 등의 새들이 먹을 수 있도록 나뭇가지에 남겨 두는 감을 뜻한다. 시인 김남주는 「옛 마을을 지나며」라는 시에서 "찬서리 나무 끝을 나는 까치를 위해 홍시 하나 남겨둘 줄 아는 조선의 마음이여"라고 까치밥을 노래했다. 까치밥은 자신의 가난에도 불구하고 타자와 더불어 살며 베풀 줄 알았던 우리 조상들의 마음을 보여 주는 대표적 사례일 것이다.

아니나 다를까? 노란 감 몇 덩이가 놓여 있는 묘소 주인공의 약력을 살펴보니 그 자신이 까치밥과 같은 삶을 살다 가신 분이다. 해남 출신의 정광훈 열사. 광주전남 지역에서 20여 년 간 농민운동을 주도했던 한 명의 농민이자 민중운동의 지도자였던 고인의 무덤이다. 5·18 당시의 시위와 각종 농민대회, 한미FTA저지 운동 등으로 3차례 투옥 경력을 지닌 분이었다. 그 자신이 가난한 농민이었지만, 이 땅의 농민들을 위해 평생을 헌신했던, 그 삶 자체가 '까치밥' 같았던 아름다운 영혼의 무덤이다.

해남의 농민 정광훈 열사의 무덤 옆에는 시인 김남주의 무덤

이 자리 잡고 있다. 10년 전 후배와의 여행길에서 이정표도 없는 전남 해남의 김남주 생가를 물어물어 찾아갔던 기억이 떠올랐다. 무너질 듯한 양철 지붕 아래 좁고 낮은 단칸방에 걸터앉아, 참으로 김남주 생가답다고 후배와 농을 피웠던 옛 추억이 떠올랐다. 문득 무릎을 탁 치게 된다.

아, 전남 해남 출신의 두 사람. 이 두 사람은 동지였구나.

돌아와 관련 자료를 찾아보니 실제 김남주와 정광훈은 각별한 동지였다. 정광훈의 지인들이 이 같은 사실을 알고 일부러 김남주의 곁에 그를 묻어 준 것이다. 정광훈 선생의 죽음에 관한 한 언론의 기사에서 다음과 같은 문장이 눈에 들어왔다. "정광훈 의장의 묘소는 구망월 3묘역 혁명 시인 김남주 시인의 옆자리로 정했다. 김남주 시인과 함께 농민운동을 시작했던 정광훈 의장은 동향인이자 동지였던 김남주 시인을 각별히 사랑했던 것으로 알려져 두 혁명가의 운명적 만남이 저승에서도 계속 이어지게 되었다. 저승에서 만난 두 혁명가는 막걸리 한잔 놓고 길고 긴 이승에서의 이야기로 긴 시간을 보낼 것이다."

시인 김남주에 대해서는 굳이 긴 설명이 필요하지 않을 것이다. 그는 고은, 신경림, 김지하, 박노해 등과 함께 1980년대 민족문학의 기수로 평가된다. 그가 스스로를 시인이 아닌 '전사'라고

해남 출신의 농민운동가 정광훈의 묘(위)와 시인 김남주의 묘(아래). ⓒ 김태우

칭한 데서도 알 수 있듯이, 그의 시는 강렬함과 전투적인 이미지가 주조를 이루며, 반외세와 분단 극복, 광주민주화운동, 노동 문제 등 현실의 모순을 통렬하게 다루곤 했다. 그는 1974년 『창작과 비평』 여름호에 「잿더미」, 「진혼가」 등 7편의 시를 발표하며 문단에 데뷔했고, 1977년 해남농민회를 결성, 민중문화연구소에서 활동하다가 1978년 남조선민족해방전선준비위원회에 가입했다. 1979년 '남민전사건'으로 체포되어 9년 3개월 동안 옥고를 치렀고, 1994년 췌장암으로 사망했다. 정광훈과의 만남은 해남농민회 결성 과정에서 이루어졌고, 결성 과정에 소설가 황석영도 참여한 것으로 알려져 있다. "농민운동의 시작은 여기 해남에서 시작되었다"고 자평할 정도로, 해남농민회의 결성은 한국 농민운동의 목표와 방향성을 제시한 이정표적 사건으로 평가되곤 한다.

묘역을 따라 걸으며 낯익은 이름들과 계속 반가운 조우를 하게 된다. 고 이재호 열사와 이한열 열사. 1986년 민주화운동의 거대한 물결 속에서 한국 민주주의의 밀알이 된 대표적인 아름다운 청년들이다.

이재호는 서울대 정치학과 학생으로서 1986년 반전반핵 평화옹호투쟁위원회 위원장을 맡았던 인물이다. 그는 1986년 4월 28

고 이재호의 묘(위)와 고 이한열의 묘(아래). ⓒ 김태우

일 오전 서울시 관악구 신림동 사거리에서 가두투쟁을 전개하다가, 경찰의 구타와 연행에 맞서 인근 건물의 옥상에서 분신·추락사한 사건으로 잘 알려져 있다. 당시 같은 장소에서 서울대 자연대 학생회장이었던 김세진 열사도 함께 분신·사망했다. 애초 두 청년은 계획된 저항 형태로서 분신자살을 계획·실행했던 것은 아니었다. 이들은 경찰의 폭력에 맞서 자신들의 결연한 투쟁의지를 보여 주기 위한 위협의 상징적 몸짓으로서 석유를 끼얹고 항거했을 뿐인데, 경찰이 무리하게 두 학생에게 다가가면서 불행한 일이 발생하고 말았다. 이재호와 김세진의 죽음에 대한 대중의 분노는 결국 이듬해 6월항쟁을 통해 거침없이 폭발하면서, 한국 민주주의를 앞당기는 데 주요한 역할을 했다.

1987년 연세대학교 정문 앞에서 발생한 이한열 최루탄 피격 사건 또한 6월항쟁의 기폭제 역할을 담당했던 대표적 사건이다. 이한열은 전남 화순 출생으로, 광주에서 중·고등학교를 다니면서 5·18민주화운동을 간접적으로 체험했던 인물이었다. 그는 연세대학교 경영학과 입학 후 학내 집회에 참석하며 사회적 문제에 대한 관심을 고조시켰고, '민족주의연구회', '만화사랑' 등의 동아리활동을 하며 역사와 사회에 대한 인식을 고양시키고 있었다. 그리고 1987년, 다른 대학교와 마찬가지로 연세대학교에서

이한열 노제. 출처: 민주화운동기념사업회

도 '호헌철폐 독재타도'를 외치는 시위가 날로 고조되고 있었다. 이한열 또한 1987년 6월 9일 개최된 '6·10 대회 출정을 위한 연세인 결의대회'에 참가하여 '호헌철폐 독재타도'를 외쳤다. 그리고 경찰이 쏜 직격 최루탄에 뒷머리를 피격당하여 쓰러지고 말았다. "피로 얼룩진 땅, 차라리 내가 제물이 되어 최루탄 가스로 얼룩진 저 하늘 위로 날아오르고 싶다"던 이한열은 사경을 헤매다 7월 5일 세브란스병원 중환자실에서 결국 사망했다.

이한열의 장례식에는 8만여 명의 조문객이 찾아왔다. 노제를 위한 이한열 운구행렬에는 100만 명이 넘는 시민들이 동참했다. 운구행렬의 선두가 시청 앞 광장에 이르렀을 때, 아직도 후미는 신촌 언저리에 머물러 있었다고 한다. 가히 단군 이래 최대의 인파였다. 1987년의 6월항쟁이 어떻게 성공할 수 있었는지, 왜 성공할 수밖에 없었는지, 이한열의 노제는 너무도 생생하게 당시 분위기를 보여 주고 있다.

5 · 18민주화운동기록관:

세계인의 유산이 된 그날의 기록들

  광주에서의 첫 여정이 5 · 18묘지로부터 시작된 것은 아니었다. 나는 5 · 18묘지에 들르기 이틀 전 밤에 광주에 도착했다. 그날 밤에는 광주의 조선대학교 교수로 재직 중인 선배를 만나 모처럼 뜨거운 어묵탕에 술 한 잔을 걸치며 남자들 간의 끝날 줄 모르는 수다로 즐거운 시간을 보냈었다. 투명한 포장마차 천막 너머로 함박눈이 펑펑 쏟아지던 운치 있는 밤이었다.

  다음날에도 광주의 함박눈은 그칠 기색이 없었다. 아침 일찍 호텔에서 기분 좋게 빠져나와 이번 여행에서 처음으로 들른 곳은 금남로의 '5 · 18민주화운동기록관'이었다. 기록관은 2015년 5월에 개관한 곳으로서, 나도 이번 여행을 통해 처음으로 방문하게 되었다.

  기록관은 지하철 금남로4가역에서 멀지 않은 대로변에 위치했다. 광주 중심가의 꽤 큰 빌딩이었다. 그런데 나는 이 건물 안으로 들어가 본 이후에야, 이 건물 자체가 5 · 18 역사에서도 꽤나 중요한 위상을 지니는 건물 중 하나였음을 뒤늦게 깨달았다. 이 건물은 5 · 18 당시 항쟁의 중요한 거점 중 하나였던 '가톨릭센터' 빌딩이었던 것이다. 항쟁 당시 가톨릭센터에는 천주교 광주대교구청과 CBS광주방송국이 들어서 있었다. 이곳은 1980년 5월 18일 최초의 학생 연좌시위가 벌어졌던 장소이자, 5월 21일부터 시작된 계엄군의 집단발포에 의해 수많은 시민들이 희생된 대표적 장소 중 한곳이기도 했다.

기록관 입구에서 옷 위의 눈을 탈탈 턴 후 안으로 들어서니 50~60대로 보이는 중년 여성 두 분이 나를 반갑게 맞아 준다. 얼굴 한가득 온화한 웃음이 번져 있다. 이곳에서 자원봉사하는 기록관 해설사분들이다. 이분들의 요청에 따라 방명록에 이름과 간략한 주소지를 남겼다.

"어머, 서울에서 오셨네요? 오늘은 서울 손님들이 많네."

웃음으로 반겨 주는 환한 얼굴을 바라보며 나도 사람 좋은 미소를 따라 지어 본다. 방명록을 슬쩍 훑어보니, 과연 나 외에도 대부분의 방문객들이 서울에서 온 사람들이다. 평일 오전부터 5·18 기록물을 보기 위해 서울에서 온 사람들이 이렇듯 많다는 사실을 확인하니 왠지 반갑다.

"제가 안내해 드릴까요?"

중년의 외모에 걸맞지 않게 경쾌한 목소리를 지닌 해설사께서 안내를 자청해 주셨다. 일단 해설사의 설명을 따라 기록관 전체를 일별하기로 결심하고 요청에 기꺼이 응했다. 5·18민주화운동의 역사에 대해 익숙하지 않은 관람객이라면 해설사를 따라서 관람하는 것이 훨씬 유익할 것이다. 그러나 기록물 하나하나를 천천히 둘러보고자 하는 관람객이라면 혼자서 자신의 속도에 따라 관람하는 것이 더 좋을 듯하다. 나의 경우에는 이날 하루 동안 두 차례에 걸쳐 기록관을 관람했는데, 한 번은 해설사의 설명을 따라 전체를 개관(槪觀)했고, 또 한 번은 눈여겨봐뒀던 기록물들을 정독하고 곱씹고 사진을 촬영하며 천천히 정관(靜觀)했다.

기록관은 전체 7층 규모로써, 1~3층과 6층에 상설전시실과 기획전시실이 위치하고, 4층에 열람실, 5층에 기록물 수장고가 자리 잡고 있다. 1층 전시실은 1980년 5월 당시 가톨릭 센터의 바닥과 벽면을 원형 그대로 보존한 상태로 축조되었고, 6층 전시실에는 1980년 당시 윤공희 대주교 집무실을 복원·전시하여 이 건물의 역사성을 강조하고 있다.

1층 로비에는 '오월의 기록, 인류의 유산(Records of May, Heritage of Mankind)'이라는 문구가 크게 새겨져 있고, 1층 상설전시장 입구에는 다음과 같은 안내판이 부착되어 있다. "이곳 기록관에는 5·18민주화운동에 관한 정부의 생산자료, 시민들의 활동과 5·18정신계승 투쟁에 대한 문서, 사진, 영상 등의 5·18기록물이 집대성되어 있다. 유네스코는 2011년 5월 5·18기록물을 세계기록문화유산으로 등재하여 5·18민주화운동의 민주정신과 숭고한 대동정신을 인류와 함께 길이 공유할 수 있게 되었다."

위의 안내글은 기록관의 건립 배경과 가치를 잘 보여 준다. 이 기록관은 2011년 5·18기록물의 세계기록문화유산 등재와 함께 설립·추진되었던 것이다. 기록관 홈페이지에 제시된 연혁에 의하면, 세계기록유산 등재 직후부터 5·18아카이브 구축에 관한 기본계획이 수립(2012년 9월)되었고, 이후 다양한 법적 검토와 전문가 세미나와 시민설명회 등을 거쳐 2015년 5월 13일 5·18 35주년을 이틀 앞두고 개관되었다고 한다. 요컨대 기록관 설립은 5·18의 중요성을 세계적으로 공인받았다는 사실을 자랑스럽게 드러냄과 동시에, '인류의 보편적 자산'으로서 5·18기록을 더욱더 소중하게 보존해 나가야 한다는 의무감의 발현으로 추진된 것이다.

이 같은 자긍심과 의무감을 반영하듯, 내 눈앞의 기록관 해설사의 목소리에도 잔뜩 힘이 들어가 있다. 진득한 광주사투리로 막힘없이 쏟아내는 설명에서 5·18에 대한 그녀의 애정을 읽을 수 있다. 1층은 전체 항쟁의 과정을 시계열적으로 설명해 놓

5 · 18민주화운동기록관 1층의 양은함지박. 출처: 5 · 18민주화운동기록관

은 곳이다. 이곳은 역사적 사실을 직 · 간접적으로 보여 주는 사진과 미술작품으로만 구성되어 있다. 흥미롭게도 1층에는 당시 상황을 보여 주는 역사적 '유물'이 단 한 점 전시되어 있는데, 이는 울퉁불퉁하게 사면이 우그러져 있는 커다란 '양은함지박'이었다. 양은함지박의 후면에는 '대동세상, 광주'라는 문구가 크게 새겨져 있다. 수천 정의 무기가 풀렸는데 강도 사건 하나 일어나지 않았고, 물자가 부족했지만 매점매석 현상조차 발생하지 않았던 이상적 시민공동체의 등장 사실을 강조한 문구이다. 양은함지박 아래 작은 해설판에는 다음과 같은 내용이 첨부되어 있다. "이 함지박은 5 · 18 때 전라남도 도청 인근에 거주했던 주옥 씨가 시민군에게 주먹밥을 지어 건넬 때 사용했던 것이다."

기록관 해설사의 안내를 따라 2층으로 올라간다. 2층에는 이 곳의 진짜 주인공인 5 · 18 기록물들이 다양한 주제하에 전시되어 있다. 전시 내용은 1978년 '전남대 교육지표사건' 관련 기록으로부터 시작된다. 교육지표사건이란, 1978년 6월 27일 전남대 교수 11명이 유신정권의 교육 이데올로기였던 '국민교육헌장'을 비판하며 '우리의 교육지표' 선언문을 발표한 사건을 지칭한다. 이 사건과 관련하여 교수들의 해직과 구속이 이어졌고, 전남대 학생들은 이에 거세게 저항하며 자신들의 투쟁을 반유신투쟁으로까지 확대시켜 나갔다. 요컨대 전남대 교육지표사건 관련 기록은 1980년 광주 지역의 투쟁이 1970년대 후반의 반유신투쟁의 연장선상에 있었음을 보여 주는 명료한 증거인 것이다.

교육지표사건 관련 자료에 이어서 1980년 5월 22일 조선대학교 민주투쟁위원회의 5 · 18학살 관련 성명서, 1980년 5월 17일 이희성 계엄사령관의 포고문, 비상계엄 전국 확대에 관한 〈경향신문〉의 5월 18일자 호외 기사, 5월 17일부터 6월 18일까지의 작전상황실 상황일지, 통행금지 연장실시에 관한 5월 18일자 전남북 계엄분소 공고, 5월 18일자 최규하 대통령의 특별성명 등이 비록 사본(寫本)이긴 하지만, 원문서와 완벽히 동일한 모습으로 전시되어 있다.

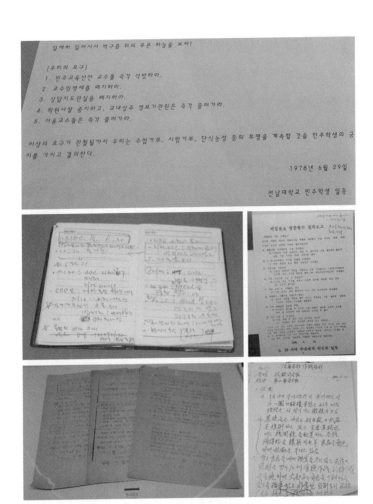

5·18민주화운동기록관에 전시되어 있는 다양한 기록물들. 출처: 5·18민주화운동기록관

그 외에도 〈동아일보〉 광주 주재기자 김영택의 취재수첩, 최건의 취재수첩 등이 당시 모습을 구체적으로 보여 주고, 평범한 광주시민들의 다양한 일기장들이 당시의 잔인하고 두려운 상황을 생생하게 증언하고 있다. 예컨대 1980년 당시 광주동산초등학교 6학년에 재학 중이던 김현경 양은 '공포'라는 제목의 5월 19일자 일기에서 "젊은 언니 오빠들을 잡아서 때린다는 말을 듣고 공수 부대 아저씨들이 잔인한 것 같았다"는 인상을 기록으로 남겨 두었다. "김일성이 쳐들어 올 것 같다"는 어린아이의 공포에서 당시 반공주의 교육의 영향력을 읽을 수도 있다. 이 같은 자료는 어린이들을 위한 민주주의와 인권 교육에 활용될 수 있을 것이다.

이 외에도 2층 상설전시관에는 5·18민주화운동과 관련된 기록물들이 다양하게 전시되어 있다. 앞의 사진에서 볼 수 있듯이, 항쟁 당시 광주에 체류 중이던 기자의 취재수첩, 시민 수습대책위원회의 방문협의 결과보고, 저항세력의 〈투사회보〉, 육군본부의 작전지침 등이 다양한 주제하에 반복적으로 제시되어 있다.

역사학자로서 이 다양한 기록물들을 내 손으로 직접 들춰 보며 그 기록의 행간 속에서 오랫동안 머물고픈 강렬한 충동을 느낀다. 문서들의 다양한 목소리들이 서로 다른 어조로 웅성대고

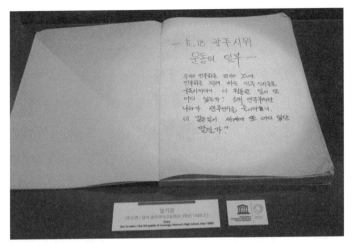

1980년 5월 당시 광주여자고등학교 3학년이었던 주소연의 일기장.
출처: 5·18민주화운동기록관

고함지르고 절규한다. 정부에 의해 검열되어 하얗게 긁힌 신문
지면이 침묵을 강요당한 지식인들의 비통함을 대변한다. "나라
와 민족을 진정으로 사랑하는 국가 최고의 수반이신 대통령 각
하"에게 보내는 한 시민의 편지가 광주의 절박함을 호소한다.
"듣던 것보다 훨씬 심각하니까 퇴근길에 조심하라"는 전화 통화
당부에 관한 기록이 그날의 불안을 엿보게 해준다.

함박눈 내리던 금남로

　웅성거리는 목소리의 정원에서 빠져나와 시계를 보니 어느새 오후 1시가 훌쩍 지나 있었다. 조선대학교에 재직 중인 또 다른 선배와의 점심식사 약속이 떠올랐다. 얼른 도로를 건너가 택시를 타고 조선대학교 방면으로 갔다.

　선배의 연구실은 건물 자체가 근대문화유산이라는 조선대학교 본관 건물 중에서도 제일 꼭대기층에 자리 잡고 있었다. 제법 큰 규모의 개인연구실이었다. 고요하고 따뜻한 연구실에 부러움을 느꼈다.

　"어제 왔는데 오늘에야 전화하냐?"

　선배는 내 얼굴을 보자마자 인상을 쓰면서 핀잔을 준다. 그 핀잔에 오히려 고마움을 느낀다. 서로의 근황에 대해 이런저런 이야기를 주고받다가 학교 주변에서 식사한 후에 함께 금남로를 걸어 보기로 한다. 캠퍼스를 가로질러 정문으로 내려오는 길에 선배가 한곳을 가리키며 한 마디 툭 내뱉는다.

　"저기가 체육관이야. 5·18때 저기에서 많은 사람들이 고문당했지."

　"아, 저기군요."

지금 그곳에는 매우 큰 현대식 체육관 건물이 들어서 있지만, 예전 그 자리엔 아치형 체육관 건물이 서 있었다. 5월 18일 이곳에 특전사령부 7공수여단 제35대대가 진입하여, 시내에서 체포한 학생과 시민들을 가두어 두고 무자비한 고문을 가했다고 한다. 대낮에 캠퍼스 내에서 학생을 나무에 묶어 두고 무차별적으로 구타를 가하는 장면도 연출되었다. 상상하기 쉽지 않은 일들이다.

* * *

조선대에서 금남로까지는 그리 멀지 않은 거리이다. 따뜻한 점심 대접을 받고 나니 최악의 한파도 충분히 견딜 만하다. 조선대에서 금남로 방향으로 걷다보니 광주의 새로운 문화적 메카로 떠오른 아시아문화전당의 모습부터 눈에 들어온다. 한눈에도 잘 들어오지 않는 제법 큰 규모의 건물들이 여럿 눈에 띈다.

"저게 뒤에서 보면 이렇게 어마어마하게 커 보이지만, 전면에서 보면 낮은 단층건물처럼 보여. 지상에 드러난 부분은 일부러 전남도청 건물보다 낮게 지었다고 하네. 도청에 대한 존중의 의미랄까."

실제 역사적 현장인 옛 도청과 경찰청 부지에 문화전당을 조성하기로 결정한 뒤, 광주시민들 사이에서는 건물 원형 보존 여부와 관련하여 논쟁이 벌어졌다고 한다. 그리고 그 논쟁의 결과 고층의 대형건물이 허름한 옛 건축물에 '경배'를 드리는 듯한 지금의 모습으로 문화전당이 건립되었다는 것이다. 광주시민들의 전남도청 건물에 대한 애정을 엿볼 수 있다.

아시아문화전당을 돌아 나와 금남로의 5·18민주광장 한가운데 서니 1980년의 함성이 내 가슴을 때리는 듯하다. 주위를 둘러보니 한국 민주화운동의 성지나 다름없는 옛 전남도청과 분수대, 시신이 안치되어 있던 상무관, 항쟁의 중심지 중 한곳인 YMCA 건물과 전일빌딩 등이 한눈에 들어온다. 아는 만큼 보인다고 했던가? 10년 전에 이곳에 왔을 때는 도청 건물만이 눈에 들어왔는데, 지금은 금남로 곳곳에 눈길이 가고 감동받게 된다.

구도청 건물 앞의 너른 광장은 분수대광장 또는 도청앞광장으로 불리다가 1996년부터 '5·18민주광장'으로 불리고 있다. 나는 이곳에서 가장 빛났던 인물 중 한명인 박관현을 떠올리지 않을 수 없었다. 그는 1980년 5월 16일 오후 무려 5만여 명의 학생과 시민이 모인 가운데 분수대 연단에 올라, 저녁에 예정된 횃불 대행진의 의의에 대해 연설했다. 그는, "우리가 민족 민주화 횃불 대행진을 하는 것은 이 나라 민주주의를 꽃피우자는 것"이고,

국립아시아문화전당 전경. 지표보다 훨씬 낮은 곳에 인공적으로 만든 광장이 이채롭다.
출처: 국립아시아문화전당 홈페이지

"횃불 같은 열기를 가슴속에 간직하면서 우리 민족의 함성을 수렴하여 남북통일을 이룩하자는 것"이라고 역설했다. 박관현은 위와 같은 생의 마지막 연설을 통해 한국 민주주의의 정착과 통일의 실현을 갈구했다. 그리고 이날 저녁, 분수대를 둘러싼 수많은 횃불들은 한국 민주주의와 평화를 희구(希求)하는 수많은 민중들의 절절한 소망을 뜨겁게 대변하고 있었다.

분수대는 5월 21일 계엄군의 일시적 퇴각 이후 수차례에 걸친 시민궐기대회가 진행된 장소로도 잘 알려져 있다. 5월 23일 오후에 열린 '제1차 민주수호 범시민 궐기대회', 24일 제2차 궐기대회, 25일 제3차 궐기대회, 26일 오전 10시와 오후 3시에 연달아 열린 제4차 제5차 궐기대회는 각계각층 시민들의 분수대 연설, 수습대책위 상황 보고, 전두환 화형식, 희생자 가족과 전국 학생들에게 보내는 글의 낭독, 최후의 항전에 대한 각오 등의 내용으로 진행되었다. 수많은 시민들이 이곳에서 공감하고, 분노하고, 절규하고, 결의했다. '민주광장'이라는 이름에 걸맞는, '민(民)'이 '주인(主人)' 되는 공간이었다.

분수대 뒤편으로는 시민군의 마지막 결사항전지 전남도청 건물이 눈에 들어온다. 이 건물은 아마도 5·18의 대표적 유적이라고 볼 수 있을 것이다. 항쟁 초기 군인들이 점령하고 있던 이곳은 시민들의 분노 표출의 '표적'이었고, 5월 21일 광주시민을 향한 군의 집단발포와 외곽 철수가 진행된 후에는 '시민공동체의 중심지' 역할을 수행했으며, 5월 27일 새벽에는 시민군의 '최후 항전지'로서 5·18의 상징적 공간이 되었다. 많은 것들이 도청에서 시작하여 도청에서 끝났던 것이다.

또한 옛 전남도청 건물은 한국 민주주의의 성장에 절대적으로 기여했던 5·18 영령들의 말과 행동들이 배어 있는 곳이기도 하다. "고등학생들은 먼저 총을 버리고 나가라. 여기 있는 고등학

함박눈 내리는 5·18민주광장과 구 전남도청. ⓒ 김태우

생들은 반드시 살아남아 역사의 증인이 되어야 한다." "저승에서
만납시다." "오늘 우리는 패배하지만, 내일의 역사가 우릴 승리
자로 만들 것이다." "우리는 최후까지 싸울 것입니다. 시민 여러
분, 우리를 잊지 말아 주십시오." 이 말들은 5·18의 유언이 되어
1980년대의 지속적인 민주화운동과 1987년의 6월항쟁, 그리고
지금도 지속되어야 할 과제인 민주주의의 발전에 심대한 영향을
미쳤다.

　구 전남도청 맞은편에는 5·18민주화운동 당시 수많은 시신들
이 안치되어 있던 상무관 건물이 자리 잡고 있다. 소설 『소년이

온다』의 주요 배경으로 등장하는 장소이기도 하다. 소설 속의 '소년' 동호가 죽기 전날까지 일했던 곳이 바로 이곳 상무관이다.

상무관은 원래 전남 경찰청 소속 경찰들과 전남 유도회 소속 회원들이 체력단련을 하는 체육관이었다. 그러나 1980년 5월 18일 이후 이곳은 일순간에 하나의 커다란 상가(喪家)로 변했다. 상무관에는 광주 시내 곳곳에서 이송되어 온 수많은 시신들이 안치되었다. 그런데 그나마 이곳에 안치된 시신들은 대부분 신원이 확인된 주검들이었다. 광주 시내 곳곳에서 발견된 시신들은 일단 도청 주위에 차례로 눕혀졌다. 그러다 식구들을 찾아 나선 가족들이 신원을 확인하면 상무관으로 옮겼다. 점차 늘어 가는 시신들 때문에 도청 부근에 더 이상 안치할 수 없어서 신원이 파악된 시신들을 상무관으로 옮긴 것이다. 그리고 상무관 입구에 분향소를 설치하여 시민들이 유족들과 함께 슬픔을 나눌 수 있도록 조치했다. 이 분향소에는 광주 시민들의 발길이 끊이지 않았다고 한다.

상무관에는 다수의 자원봉사자들도 있었다. 이들은 잘리고 비틀어지고 악취를 풍기는 수많은 시체들 사이에서 며칠 동안 자신에게 맡겨진 일들을 묵묵히 수행했다. 소설『소년이 온다』는 상무관에서 일했던 소년과 소녀들을 다음과 같이 묘사하고

시신들이 안치되었던 상무관. ⓒ 김태우

있다.

저녁이면 계엄군과 대치한 외곽 지역에서 총을 맞은 사람들이 실려 왔다. 군의 총격에 즉사하거나 응급실로 운반되던 중 숨이 끊어진 이들이었다. 죽은 지 얼마 되지 않은 사람들의 형상이 너무 생생해, 끝없이 쏟아져 나오는 반투명한 창자들을 뱃속에 집어넣다 말고 은숙 누나는 강당 밖으로 뛰어나가 토하곤 했다. 코피가 잘 나는 체질이라는 선주 누나는 이따금 고개를 뒤로 젖히고 마스크 위로 콧잔등을 누른 채 강당 천장을 올려다보았다.

5 · 18의 유언

상무관에서 함께 일하던 동호는 죽었지만 은숙과 선주는 살아남았다. 그러나 소설 속 그녀들의 삶은 결코 살아남은 자들의 삶이 아니었다. 1980년 이전으로 다시 돌아갈 수 있는 길은 그녀들에게 허락되지 않았다. 1980년 5월 계엄군으로 광주에 투입되었던 영화 〈박하사탕〉의 주인공 영호와 마찬가지로, 학살과 고문 이전의 세계로 돌아갈 방법이 없는 그들은 날마다 힘겹게 5월과 싸우며 버텨내야만 했다. 살아남았다는 치욕, 그리고 오직 죽음만이 그로부터 벗어날 유일한 방법이라는 유혹 등과 끊임없이 싸우며 그냥 버텨 내야만 했다.

1980년 6월, 수피아여고 3학년이었던 열아홉 살의 은숙은 도청 민원실에 전화를 걸었다. 떨리는 목소리로 그녀는 말했다.

"분수대에서 물이 나오고 있는 걸 봤는데요, 그래서는 안 된다고 생각합니다."

떨리던 그녀의 목소리가 점점 또렷해졌다.

"어떻게 벌써 분수대에서 물이 나옵니까. 무슨 축제라고 물이 나옵니까. 얼마나 됐다고, 어떻게 벌써 그럴 수 있습니까."

은숙은 방학하는 날까지 날마다 정류장 옆 공중전화 부스에서

도청 민원실에 전화를 걸었다. 민원실 직원들은 인내심 있게 그녀를 응대했다. 꼭 한 번 나이 든 여사무원이 말했다.

"그만 전화해요, 학생. 학생 같은데, 맞지요? 물이 나오는 분수대를 우리가 어떻게 하겠어요. 다 잊고 이젠 공부를 해요."

다 잊고 이제는 공부를 하라.

이것이 어쩌면 최근 일부 지식인과 정치가들이 대부분의 한국인들과 광주사람들에게 하고 싶은 이야기인지도 모르겠다. 이제는 광주를 잊으라고, 자학적 사관(史觀)에서 벗어나라고, 5·18은 잊고 자신의 본분에 충실하라고, 민주화의 역사 따위는 잊고 한국현대사를 새롭게 다시 쓰자고.

그러나 우리는 1980년 빛고을 광주(光州)에서 일어난 횃불을 여기서 꺼뜨릴 수는 없다. 1980년 5월 16일 수만의 광주시민들 앞에서 박관현은 소리쳤다. "횃불 같은 우리 민족의 열정을 온누리에 밝히자!"

광주의 빛을 온누리에 밝히자는 박관현의 외침은 역사 속에서 현실이 되어 갔다. 유네스코는 2011년 5월 5·18기록물을 세계기록문화유산으로 등재하여 그 세계사적 의의를 공식적으로 인정했고, 광주 시민들은 그 가치를 전 세계에 알리고자 노력하고 있다. 5월 27일 광주 시내를 낭랑하게 울리던 5·18의 유언 "우리를 잊지 말아 주십시오"는 광주시민들과 한국인들의 가슴 깊이 남아 계속 반추되었다. 1980년대 한국은 이례적인 단기간의 제도적 민주주의의 달성에 성공했고, 광주시민들은 언제나 그 선두에 앞장서 있었다. 지금도 다수의 학생과 노동자와 농민의 시위현장에서 가장 많이 불리는 노래는 윤상원과 박기순을 위한 진혼곡인 〈임을 위한 행진곡〉이다. 5·18의 진혼곡이 수많은 민중의 시위현장에서 반복적으로 불리는 현상은 단순한 우연에 불과할까? 나는 그렇게 생각하지 않는다. 사람들은 부지불식간에 가슴 깊이 5·18의 유언을 되새기고 있는 것이다. 결코 당신들을 잊지 않겠다고, 그리고 너무 감사하다고.

03

서대문형무소 역사관

반일 민족주의의 산실에서 '동아시아의 평화'를 상상하다

담장 밖에서

　나는 지금 감옥으로 가고 있다. 물론 죄를 지어 감옥에 가는 것은 아니다. 오랫동안 이 땅의 감옥을 대표했고, 이제는 역사관으로 꾸며져 일반인들에게 공개된 서대문형무소를 둘러보기 위해 이른 아침부터 서울 지하철 3호선에 몸을 실었다.

　문득 하토야마 전 일본 총리의 모습이 머릿속에 떠오른다. 그는 2015년 서대문형무소를 방문하여, 그곳의 추모비 앞에서 무릎을 꿇고 일본의 식민지배에 대해 정중하게 사과했다. 마치 폴란드 바르샤바의 추모비 앞에서 무릎을 꿇었던 독일 총리 빌리 브란트(Willy Brandt)와 흡사한 모습이었다. 그는 그 자리에서 "일본이 한국을 식민지 통치하던 시대에 독립운동, 만세운동에 힘쓴 유관순을 비롯한 많은 분들이 서대문형무소에 수용돼 고문을 당했고, 가혹한 일이 벌어졌으며, 목숨까지 잃었다는 사실을 이 자리에서 떠올리며 진심으로 사죄드린다"고 말했다. 그는 전날 서울에서 열린 국제회의의 기조연설을 통해 동아시아의 평화를 위한 '동아시아 의회'를 일본 오키나와에 창설하자는 과감한 제안까지 내놓기도 했다. 그가 비록 일본 현직 총리는 아니지만, 일본 사회의 책임 있는 리더 중 한 사람으로서 동아시아의 평화를 위해 꽤나 의미 있는 행보를 했다는 사실에 대해서는 높게 평가할만 하다.

그러나 하토야마의 평화적 제안과는 무관하게 한국과 일본은 꽤 오랫동안 냉랭한 긴장관계를 지속하고 있다. 아베 신조 일본 총리는 집권 직후 지난 20여 년 간 한 · 일 협력의 기초가 됐던 고노 담화와 무라야마 담화를 수정하겠다고 선언했을 뿐만 아니라, 패전 70주년을 맞아 역사 수정주의적인 내용을 포함한 '아베 담화'를 내놓기도 했다. 이에 대해 박근혜 대통령 또한 집권 초기부터 일본군 '위안부' 문제가 먼저 해결되어야 한일 관계 개선이 가능하다는 초강경 대일정책을 펼쳤다. 매우 경직된 한일 관계가 전개되었던 것이다.

그러던 중 갑자기 양국은 2015년 12월 28일 10억 엔이라는 돈의 지급이 포함된 "최종적이고 불가역적인" 위안부 문제 합의내용을 발표함으로써 적잖은 사람들에게 충격을 주기도 했다. 많은 한국인들이 굴욕적 합의에 대해 비난했고, 누구보다도 위안부 할머니 당사자들 어느 누구도 양국의 합의내용을 인정하지 않았다.

서대문형무소 역사관 정문의 장벽과 망루. ⓒ 김태우

　가슴이 답답하다. 피해자들 누구도 인정할 수 없는 피해자들
을 위한 합의라니. 시종일관 일본에 지나칠 정도로 강경한 입장
을 보이던 우리 정부는 왜 갑자기 이렇듯 중요한 결정을 조급하
게 내놓은 것일까? 1992년 1월 8일부터 20여 년 동안 매주 수요
일마다 일본대사관 앞에서 일본정부의 공식적 사과와 법적 배상
을 요구하는 할머니들의 목소리가 우리 정부에게는 들리지 않았
던 것일까? 단일 집회로는 세계 최장기 집회 기록을 세우고 있다

는 할머니들의 기록은 도대체 언제까지 계속 이어져야만 하는 걸까?

복잡한 생각을 추스르기도 전에 열차는 어느새 3호선 독립문 역에 도착했다. 지하철에서 내려 서대문형무소를 가리키는 이정 표를 따라서 걷다가, 미처 딴 생각에 빠지기도 전에 갑작스레 등 장하는 근대의 장대한 위용은 언제나 상당 정도의 위압감과 당 혹감을 안겨 준다. 이곳을 방문할 때마다 매번 느끼게 되지만, 서대문형무소는 그 외관부터 꽤나 큰 낯섦과 두려움을 안겨 주 는 존재이다. 서울이라는 현대적인 메트로폴리탄에 어울리지 않 는 거대한 벽돌 장벽과 망루가 안겨 주는 '부조화'의 느낌은 단순 한 낯섦을 넘어 기괴함까지도 불러일으킨다.

때문에 이곳을 처음 방문한 사람들은 이 같은 낯선 풍경과 감 옥이라는 공간의 특수성에 압도되어 일단 '두려움'부터 느낄 수 있다. '이제라도 돌아갈까?' 망설임이 올라올 수 있다. 일찍이 중 국의 사마천도, 땅 위에 '옥(獄)' 자를 그려 놓으면 사람들이 그것 을 피해 간다고 말하지 않았던가?

그러나 이 같은 낯섦과 두려움은 역사박물관의 입장에서는 결 코 나쁜 요소만은 아니다. 그 외관 자체로부터 느껴지는 감정이 관람객들로 하여금 역사의 특정 시공간으로 빠르게 타임슬립 하도록 만드는 데 적잖은 도움을 줄 수 있기 때문이다. 특히 정문의 매표소로 들어가기 전에, 정문을 향해 똑바로 선 상태에서 왼쪽으로 수백 미터 떨어진 먼 곳에 어렴풋이 보이는 '독립문'(1897)의 존재는 이 공간의 역사성을 배가시키며, '박제된 근대'를 보기 위해 이곳을 방문한 관람객들의 기대치를 한껏 끌어올려 준다.

통상적으로 나는 이곳에 혼자 간다. 좋은 벗들과 함께 가도 좋겠지만, 깊은 사고를 위한 나만의 느린 리듬을 감당해 줄 벗은 그리 많지 않다. 천천히 걸으며, 중요한 내용을 카메라에 담으며, 뭔가 영감을 주는 장소에서는 모든 동작을 멈춘 채 멍하니 바라보기도 하며, 이곳저곳을 그저 떠다닌다.

여러 차례 방문한 사람이라면 이곳에서 제시해 주는 관람 동선을 무시한 채 움직여도 아무 상관없다. 그러나 제한된 시간 내에 이곳의 전시내용을 최대한 효율적으로 감상하기 위해서는 역사전시관 내부의 화살표를 잘 따라가는 것이 중요하다. 이는 세계 어느 역사박물관에서도 마찬가지이다. 이를테면 몇 년 전 나와 함께 폴란드 아우슈비츠를 방문했던 한 동료는 박물관에서 제공해 주는 가이드의 안내를 무시한 채 넓은 수용소 내부를 홀로 배회하다가 정작 중요한 곳들을 가보지 못하는 실수를 저지르기도 했다. 아무리 한국 근현대사와 서대문형무소에 대해 박식한 사람이라 할지라도 최초 방문 시에는 이곳의 관람 동선을 절대 무시해서는 안 될 것이다.

3천 명의 홀아비가 탄식할 곳

정문으로 들어가 매표소에서 입장권을 구매한 후 담장 안팎의 풍경을 한번 넓게 둘러보자. 정문으로 들어서자마자 바로 정면에 붉은 벽돌의 '서대문형무소 역사전시관'이 보일 것이다. 이 건물을 정면으로 향해 서서 오른쪽 대각선 방향을 바라보면 멀리 무악동 봉수대를 품고 있는 안산(鞍山)이 보일 것이다. 그리고 선 자리에서 그대로 뒤를 돌아보면 인왕산(仁王山)의 거친 바위 봉우리들이 우뚝 솟아 있는 풍경을 감상할 수 있다. 형무소 역사관 경계 바깥에는 탁 트인 공원이 위치하고 있는데, 사실 이 공원 전체가 과거의 형무소 공간이었다는 사실을 상기할 필요가 있다. 1987년 서울구치소(서대문형무소의 당시 이름)가 경기도 의왕시로 이전하자, 서울시는 감옥, 사형장, 담장, 망루 등을 사적으로 보존하고, 나머지 공간을 공원으로 꾸며 1992년 8월 15일에

'서대문 독립공원'으로 문을 열었다.

안산과 인왕산 사이의 이 아름다운 터에는 슬픈 전설도 깃들어 있다. 예로부터 안산과 인왕산 사이의 험준한 고개를 무악재[毋岳峴]라고 불렀는데, 조선왕조 초기 국사 무학대사가 이 무악재를 넘으며 "터는 좋은데 3천 명의 홀아비가 탄식할 곳"이라고 말했다는 것이다. 우연의 일치일 수도 있지만, 일제시기 이곳의 수용인원은 약 3천 명 가까이에 이르렀다.

다시 전시관을 정면으로 바라보며 왼편으로는 '여옥사', 오른편으로는 일제시기의 '취사장' 건물을 확인할 수 있다. 정면의 전시관과 오른편의 취사장 건물 사이로 대각선에 보이는 건물들은 수감자들이 수용되어 있던 '옥사'이다. 물론 이 옥사 내부도 관람 순서에 따라 보게 될 예정이니 너무 서두르지 말자. '서대문형무소 역사관'이 제시한 관람 순서를 따라, 정면에 보이는 '서대문형무소 역사전시관'부터 둘러보는 것이 최선이다.

일단 전시관 정면에 커다랗게 새겨져 있는 '서대문형무소'라는 이름부터 주목할 필요가 있다. 왜냐하면 이곳의 이름은 본디 하나가 아니라 여러 개였기 때문이다. 그 명칭의 변화과정을 간략히 살펴보면, 우선 이곳은 대한제국 시기이자 일제의 통감부 통치 시기였던 1908년 10월 21일 '경성감옥(京城監獄)'이란 이름

서대문형무소 역사전시관. ⓒ 김태우

으로 문을 연 뒤, 서대문감옥(1912. 9. 3~1923. 5. 4), 서대문형무소

(1923. 5. 5~1945. 11. 20), 서울형무소(1945. 11. 21~1961. 12. 22), 서

울교도소(1961. 12. 23~1967. 7. 6), 서울구치소(1967. 7. 7~1987. 11.

15) 등의 다양한 이름으로 불려 왔다. 현재와 같은 '서대문형무

소'라는 이름으로 불리던 시기가 22년으로 상대적으로 길긴 하

지만, '서울구치소'로 불리던 시기도 20년이나 된다는 사실을 확

인할 수 있다.

　다시 말해 현재의 '서대문형무소'라는 명칭은 단순히 그 사용

'경(京)' 자가 새겨져 있는 바닥의 붉은 벽돌. ⓒ 김태우

시기가 가장 길었기 때문이 아니라, 상당 정도 현재 시점의 특정 관점이 투영된 결과물로 볼 수 있는 것이다. 그 특정 관점이란 아마도 일제시기 역사성의 강조와 군사독재 시기 역사성의 삭제를 의미할 것이다. 실제 방문객들이 가장 먼저 들르게 되는 '서대문형무소 역사전시관'은 이 같은 관점을 직접적으로 반영하고 있다.

혹여 매표소에서 전시관으로 발을 옮기며, 명칭의 역사성에 관한 설명 외에 자신의 역사적 지식을 주변 지인들에게 좀 더 뽐내고 싶다면 그들의 시선을 바닥 쪽으로 유도해 보는 것도 좋다. 바닥에는 사진에서 볼 수 있는 것과 같은 붉은 벽돌들이 깔려 있고, 일부 벽돌들의 가운데에 서울을 뜻하는 '경(京)' 자가 새겨진 사실을 쉽게 확인할 수 있을 것이다.

원래 이 벽돌들은 일제시기 서울 공덕동의 경성형무소 수감자들에 의해 대규모로 제작된 것이었다. 일제강점기 경성형무소에서 생산된 붉은 벽돌들은 대부분 형무소 옥사나 관공서 건물의 축조 과정에 사용되었다. 서대문형무소 또한 이 붉은 벽돌을 사용하여 옥사를 증축했다. 물론 건물 증축의 노역은 서대문형무소 수감자들의 몫이었다. 다시 말해 바닥에 깔려 있는 붉은 벽돌들은 경성형무소와 서대문형무소 수감자들의 고된 노역의 상징과도 같은 역사적 유물인 것이다.

그런데 놀랍게도 이 벽돌들은 한때 강원도 평창의 어느 휴양 시설 벽면에 박혀 있었다고 한다. 1987년 서울구치소가 경기도 의왕으로 이전하게 되자 서울시는 이곳의 일부 건물만을 보존하고 다른 건물들을 헐기로 결정했다. 그리고 건물 철거 과정에서 나오는 벽돌 등을 건설업체가 자체 매각하여 철거 비용 일부를 충당하도록 계약을 맺었다. 건설 업체는 철거 과정에서 나온 벽돌들을 어느 벽돌 업체에 넘겼고, 팔려간 벽돌은 강원도의 어느 콘도를 짓는 데 사용되었던 것이다. 이 사실이 뒤늦게 알려진 후 사회적 비난이 빗발치자, 서울시는 뒤늦게 벽돌을 회수하여 그 일부를 서대문형무소 바닥 돌로 깔거나 독립공원 조성 작업에 활용했다. 서대문형무소의 실외시설을 관람하는 내내 밟게 될 붉은 벽돌에는 이 같은 사연이 숨어 있다.

* * *

이제 전시관 내부로 들어가 보자. 현재 전시관으로 사용되고 있는 건물은 1923년 지어진 서대문형무소 보안과청사(保安課廳舍) 건물로서, 1층은 간수들의 사무 공간, 2층은 회의실과 소장실, 지하는 취조실로 사용된 형무소의 중심 건물이었다. 현재 1층은 '서대문형무소의 역사'에 관한 전시실, 2층은 일제시기 항일역사를 보여 주는 '민족저항실', 지하는 서대문형무소 내의 취조와 고문의 역사를 보여 주는 공간으로 조성되어 있다. 흔히 기존의 안내서나 연구논저에서 1층과 2층의 차별성을 잘 보여 주지 못한 채, 그저 1~2층을 "독립운동의 역사와 독립운동가들의 기록을 전시"해 놓은 곳으로 설명하는 경우가 많은데, 실상 1~2층의 차이를 확실히 알고 이곳에 들어가는 것만으로도 서대문형무소의 역사성을 이해하는 데 적잖은 도움을 받을 수 있을 것이다.

'서대문형무소의 역사'에 관해 전시한 1층 전시실에 들어서면, 우선 현재 서대문형무소가 자리 잡고 있는 서울특별시 서대문구 현저동 101번지의 '공간적 특성'에 관한 설명이 등장한다. 앞서 이곳의 지리적 특성에 대해 설명하긴 했지만, 이곳은 그 지리적 특성을 뛰어넘는 중요한 '역사적 특성'을 지닌 곳이었다. 원래 현저동 101번지는 조선 후기 북쪽 의주로 가는 큰 길인 의주로가 위치한 곳으로서, 조선시대 중국의 사신을 영접하는 영은문(迎恩門)과 모화관(慕華館)이 자리 잡고 있던 공간이었다. 특히 갑오개혁(1894) 이후에는 자주독립의 결의를 다짐하고자, 중국 사신을 영접하던 '사대외교'의 표상인 영은문을 헐고, 자주 민권과 독립 의지의 상징으로서 독립문을 세웠던 곳이기도 했다. 지금의 독립문 부근에는 커다란 서재필 동상이 함께 서 있는데, 이는 서재필을 비롯한 독립협회와 개화파 인사들이 독립문 건설의 중심에 있었음을 알려 주기 위한 것이다. 여전히 적잖은 사람들이 독립문을 일본에 대응하여 독립 의지를 표명한 건축물로 착각하곤 하는데, 원래 독립문은 중화질서의 중심이었던 중국으로부터의 독립 의지를 상징적으로 조형화한 것이었다.

독립문. ⓒ 김태우

아무튼 한국인들의 독립 의지를 상징화해 놓은 건축물 옆에
조선 최대이자 최초의 근대적 감옥을 만들었다는 사실은 그 자
체로 상징하는 바가 적지 않다. 독립기념관장을 지냈던 김삼웅
은 자신의 책을 통해, "민족의 자주독립을 상징하는 독립문 부근
에 일제가 대형 감옥을 축조한 것은, 우리 명산과 거암에 쇠꼬챙
이를 박아서 땅의 기(氣)를 죽이고자 했던 음모의 연장선상에서
발상된 것으로 보인다"고 주장했다. 이 같은 주장에 대한 근거는
존재하지 않지만, 충분히 그럴싸해 보이는 추론이다.

1930년대 서대문형무소 모습. 출처: 서대문형무소 역사관

　부산교육대학교 지리학과 교수로 재직하고 있는 양병일은 자신의 논문을 통해, "일본은 서대문형무소라는 가시적인 공간을 구축함으로써 한국인들에게 형무소로 끌려가 고통받을 수 있는 가능성을 드러내려고 의도했다"고 주장하며, "서대문형무소가 세워진 장소 바로 옆에는 민가가 들어서 있었다. 민가에 주거했던 한국인들의 상징체계는 언제나 눈앞에 있는 서대문형무소라는 유형적인 상징물이 내뿜는 의미로 인해 영향을 받았을 것"이라고 해설했다. 지금의 서대문형무소 역사관 일대는 완전히 공원화되었지만, 위의 1930년대 서대문형무소 사진을 통해 확인할 수 있듯이 당시 형무소 인근에는 초가집들이 즐비하게 늘어서 있었다. 1908년 우리나라 최초의 근대감옥으로 이곳이 축조될

당시 일본인에 의해 설계되고, 일본인의 관리·감독하에 축조되었으며, 일본인에 의해 운용되었다는 사실에 비춰볼 때, 조선인에게 '공포'의 감정을 이입하려고 했다는 주장에는 나름의 신빙성이 있는 것으로 판단된다.

1908년에 최초로 설립된 근대적 감옥은 일제의 식민통치가 억압적으로 변하면서 날로 확장되었다. 전시실에 걸려 있는 해설처럼, 한반도는 그 자체로 '거대한 감옥'으로 변하기 시작했다. 일제는 1908년 전국의 8개 주요 도시에 본감옥과 그 산하의 분감옥을 설치하여 전국에 16개소의 감옥을 설치·운영했다. 이후 1910년 강제병합 직후 21개소, 1920년 이후에는 평균 30여 개소 내외의 감옥을 설치·운영했다. 이들 감옥은 전국 철도·도로망을 따라 주요 도시에 설치되었고, 이를 통해 일제는 식민지 한국 전역을 하나의 거대한 감옥으로 만들고 폭압적인 식민 지배를 관철했다. 전국적 수감자 수는 1908년 2,424명에 불과했지만, 1936년에는 18,540명으로 약 7.6배 폭증하게 되었다. 식민지 치하라는 비정상적인 사회에서나 가능한 급격한 증가였다.

서대문형무소 또한 약 80년(1908~1987)의 역사 속에서 시대의 변화와 함께 다양한 이들을 수용했고, 그 규모도 지속적으로 확장되어 갔다. 이곳은 1908년 1,600㎡ 규모에서 1930년대에는

55,000㎡ 규모로 대폭 확장되었고, 그 수용인원 또한 1908년 500여 명에서 1930년대 2,500여 명으로 약 5배 증가했다. 또한 1908년 개소 당시에는 일제의 침략에 무력으로 맞섰던 의병들이 주로 수감되었고, 1910년 강제병합 이후에는 다수의 비밀 결사 요인들이 수감되었다. 1919년에는 3·1운동으로 수감자가 급격히 늘어나 민족대표 33인을 비롯하여 3,000여 명에 육박하는 독립운동가가 수감되었다. 이후 1945년 광복까지 수많은 독립운동가들이 이곳에 수감되었고, 그 가운데 상당수가 이곳에서 순국하였다. 서대문형무소는 자연스럽게 한국 독립운동의 중요한 역사적 현장이 되었던 것이다.

그런데 앞서 언급했듯이, 이곳은 일제시기 독립운동뿐만 아니라 대한민국 민주화운동에 있어서도 매우 중요한 역사적 현장이었다는 사실을 잊어서는 안 될 것이다. 2015년 내가 이곳을 방문한 시점까지 전체 3층의 역사전시실 내에서 서대문형무소와 민주화운동의 상관성에 관한 '해설판(解說板)'은 딱 하나뿐이었다. 물론 추후 관람할 서대문형무소 '옥사' 건물 곳곳에 민주화운동과 관련된 대표적 인물들에 대한 설명이 추가적으로 등장하긴 하지만, 역사 전시실에서 '민주화운동' 관련 내용이 사실상 빠져 있다시피 한 것은 한국근현대사 전공자의 입장에서 여러모로 아

1986년 서울구치소(서대문형무소의 당시 이름) 안에서 연좌 시위하는 민가협 회원들을 바라보는 문익환과 계훈제. 출처: 민주화운동기념사업회

쉬움이 컸다.

민주화운동과 관련하여 전시실에서 유일하게 등장하는 〈서대문형무소와 민주화운동〉이라는 해설판의 내용은 다음과 같다. "광복 이후 서대문형무소는 좌우익의 이념 문제와 반독재 민주화운동 등 정치·사회적 문제의 현장 한가운데에 있었다. 그리하여 독재정권에 의해 조작된 진보당 사건(1958), 민족일보 사건(1961), 동베를린간첩단(동백림) 사건(1967), 인혁당재건위 사건(1975)의 피해자들이 수감되거나 사형당하였다. 이후 1987년 6월

민주항쟁에 이르기까지 수많은 민주화운동가들이 수감되었고, 그 가운데 일부가 희생당하여 대한민국 민주화운동 역사의 현장이 되었다."

젊은 그들은 왜?

서대문형무소의 역사를 보여 주는 1층 전시실을 뒤로하고, 이제 관람순서에 따라 2층 '민족저항실'로 올라가 보자. 이곳은 전체 3개의 구조(민족저항실 I~III)로 나뉘어 있다. '민족저항실 I'에는 대한제국 말기부터 1919년 3·1운동 시기에 이르기까지 민족독립운동의 주요 내용이 전시되어 있다.

우선 관람객들은 대한제국 말기 의병운동에 대한 설명과 함께 서대문형무소 순국 의병장인 이강년, 허위, 이인영, 이은찬 등의 간략한 약력을 볼 수 있다. 1910년 강제병합 이후 시기에 대해서는 안악 사건과 105인 사건, 강우규·채병옥·송학선(모두 서대문형무소에서 사형 순국) 등의 의열투쟁, 광복회·조선민족대동단·의열단 등과 같은 항일결사 활동 관련 내용을 확인할 수 있다. 그 외 수감 직후 작성되었던 각종 조사표와 수감자 발목에

채워졌던 족쇄 등도 볼 수 있다.

위와 같이 대한제국 말기부터 1919년까지 민족독립운동의 역사를 따라 걷다 보면 자연스럽게 '민족저항실 II관'에 이르게 된다. 이곳은 매우 특징적이게도 현재까지 남아 있는 독립운동가 수형기록표 5천여 장을 전시실 4면에 빼곡하게 붙여 두고 있다. 수형기록표는 형무소 입감 시 작성하는 기록카드로서, 통상적으로 재판 연월일, 이름, 죄명, 정면과 측면 사진, 죄수번호, 본적 등의 내용이 포함되어 있다.

나는 개인적으로 서대문형무소 역사관에서 이 공간에 가장 높은 점수를 주고 싶다. 이제껏 내가 둘러본 한국의 통상적인 역사박물관들은 특정한 역사관(歷史觀)을 지나치게 노골적으로 강요하거나, 관람자들이 역사적 사실에 대해 깊이 생각할 수 있는 심적 여유를 제공하지 못하는 경우가 대부분이었다. 용산에 위치한 '전쟁기념관'이나 광화문의 '대한민국역사박물관' 등은 그 대표적인 예라고 볼 수 있을 것이다.

반면에 수년 전 내가 직접 둘러본 독일의 역사박물관들은 한국과는 매우 다른 설립 배경과 내용을 품고 있는 경우가 대부분이었다. 이를테면 한국의 대한민국역사박물관은 2009년 10월 19일 정부의 건립 결정이 내려진 후 불과 만 5개월도 지나지 않

'민족저항실 II'의 내부(위)와 독립운동가 수형기록표(아래). 출처: 서대문형무소 역사관

은 2010년 3월 2일 '건립 기본 계획'이 발표되었고, 2012년 12월 26일 실제 개관에 이르게 되었다. 마치 대한민국의 압축성장을 상징하듯 대한민국역사박물관 또한 상상을 초월하는 빠른 속도로 건립되었다.

반면에 독일의 대표적 현대사박물관인 '독일연방공화국 역사의 집'은 1983년 전반기 건립 계획을 밝히고도 1987~88년까지 기본 방향을 둘러싼 토론을 진행하는 것 외에는 건축물 건립이나 전시 준비에 착수하지 않았다. '역사의 집'은 1994년에 이르러서야 첫 상설전시관의 문을 열었는데, 그 사이 역사가와 박물관전문가와 다양한 사회단체 등이 박물관의 방향성과 구성 내용에 대해 기나긴 토론을 벌였던 것이다. 대한민국역사박물관이 과도하게 짧은 시간 내에 정부측의 특정 역사관을 일방적으로 이입시키는 방식으로 축조되었다면, 독일의 역사박물관은 정부·학계·시민단체 등과 같은 다양한 주체들의 오랜 숙고와 토론의 결과로 건립되었던 것이다. 그 형식적·내용적 부분에서 현격한 차이가 있을 것이라는 사실을 쉽게 예상할 수 있다.

독일의 베를린에 위치한 유대인박물관은 또 다른 측면에서 신선한 충격을 준다. 유대인박물관은 한국의 여러 역사박물관들과는 달리, 그 건물 내에 유대인의 가장 고통스런 경험이었던 홀로

독일 베를린의 유대인박물관. ⓒ 김태우

코스트를 '감성적으로 체험'하고 고민할 수 있는 내용으로 가득 차 있다.

앞의 사진을 통해 볼 수 있듯이, 박물관은 그 외벽에서부터 유대인들이 받았던 상처와 분노의 감정을 날카로운 선들로 두드러지게 표현하고 있다. 그 내부는 더 특이한데, 관람객들의 효율적 관람을 위해 동선을 중시하는 일반적인 박물관 내부와는 달리, 유대인박물관은 의도적으로 복잡한 구획을 짜고 동선 자체를 혼란스럽게 만들어 놓음으로써 2차대전기 유대인들이 처했던 불안정한 상황을 심리적·간접적으로 체험할 수 있도록 만들어 놓았다. 관람객들은 그 혼란스러운 동선을 따라 걸으며, 복도의 벽면에 새겨져 있는 수많은 질문들과 함께 역사에 대한 '깊은 사고'를 체험하게 된다. 관람객들은 그 길의 어떤 끝에서는 무거운 철문 뒤의 절대 어둠과 그 꼭대기 어디선가 희미하게 새어 들어오는 가느다란 빛을 체험할 수 있고, 어느 막다른 길에서는 강철로 만든 유대인들의 얼굴을 자신의 발로 밟으며, 그 얼굴 모양의 철덩어리들이 서로 부딪히며 만들어 내는 강한 마찰음을 고통스럽게 감내하며 그 길을 통과해야만 한다.

앞의 사진들은 내가 직접 촬영한 것인데, 애초부터 흑백으로 촬영된 것들이다. 이 박물관의 어떤 요소가 나의 어떤 감성을 건드린 건지 확실하진 않지만, 나는 애초부터 이 박물관의 많은 풍경을 흑백으로 담아 당시 나의 감정을 박제하고 싶은 강한 충동을 느꼈었다. 그리고 실제 이 사진을 다시 꺼내 보니, 그 날의 감성이 되살아나는 느낌을 받을 수 있었다.

아마도 서대문형무소 전시실의 '민족저항실 II관'은 이 같은 역사에 대한 깊은 고뇌와 열린 사고, 감성적 쓰라림을 동시에 경험할 수 있는 전시실 내부의 가장 중요한 공간 중 하나일 것이다. 겉보기에 지극히 평범해 보이는 앳된 소년, 쪽진 머리의 아주머니와 그 집 막내딸이라고 하면 딱 어울릴 법한 겁먹은 처자, 정갈하게 빗어 넘긴 머리에 금테 안경을 쓴 청년, 조직폭력배처럼 거친 인상의 남성에 이르기까지, 너무나 다양한 모습의 5천여 장의 사진을 돌아보고 있노라면 이들의 고통과 억울함과 신념과 두려움, 번뇌와 초탈이 한꺼번에 나를 덮치며 금세 자신도 헤아리기 힘든 묘한 감정에 휩싸이고 만다. 이들은 무엇을 위해 저항했을까? 이들은 얼마나 자기주도적이었을까? 대부분 너무나도 젊어 보이는 이들. 이들은 과연 이곳에서 살아 나갈 수 있었을까? 이들의 가족들은 이들을 이 험한 곳에 보내 놓고 얼마나 고통스러웠을까? 이들이 바라던 세상은 어떤 모습이었을까? 지금 우리는 이들이 꿈꾸던 세상에 살고 있을까?

민족운동의 유배지이자 산실(産室)

많은 생각 속에 천천히 5천여 장의 수형기록표의 방에서 빠져 나오면 곧바로 '민족저항실 III관'에 다다른다. 이곳은 서대문형 무소에서 옥중 순국한 대한민국임시정부 요인(要人)들에 대한 설 명으로부터 시작된다. 전시실 해설판에 따르면, 김구를 포함해 무려 26명의 임정 요인들이 서대문형무소에 수감되었던 사실을 확인할 수 있다. 대한민국의 정통성이 임시정부로부터 유래한다 는 사실을 상기해 볼 때, 서대문형무소가 대한민국의 입장에서 얼마나 중요한 역사적 공간인지 다시 한 번 확인할 수 있다.

'민족저항실 III관'은 임정에 대한 설명에 이어서, 간도 군자금 탈취 사건, 6·10만세운동, 간도공산당사건, 원산 총파업, 조선 공산당 재건운동과 경성트로이카, 신간회의 조직과 해산, 도산 안창호와 수양동우회, 단파방송 청취 사건 등에 대한 해설이 연 대순으로 나열되어 있다. 이 사건들은 조선인 독립운동의 대표 적 사례임과 동시에, 사건 연루자의 상당수가 서대문형무소에서 수감·취조·사형된 대표적 사례들이기도 하다.

그런데 아쉽게도 서대문형무소 전시실의 근현대사 역사해설 은 여기에서 멈춘다. 앞서 설명했듯이, 해방 이후 서대문형무소

왼쪽 상단부터 시계방향으로 안창호, 조병옥, 여운형, 이재유의 수형기록표.
출처: 서대문형무소 역사관

와 민주화운동의 상관성에 관한 구체적 해설이 이곳에서 사실상 제외되어 있다. 이곳이 대한민국의 정치사―임정의 수립으로부터 1987년 민주주의의 제도적 완성에 이르는 한국정치사―와 관련하여 훨씬 더 풍부한 이야기를 전달할 수 있는 공간이라는 사실을 떠올려 보면 여간 아쉬운 사실이 아닐 수 없다.

사실 2층 전시실에서 아쉬운 점은 해방 이후 역사의 삭제에만 있는 것이 아니다. 서술의 내용과 깊이에도 적잖은 아쉬움이 있다. 이를테면 서대문형무소는 현재 전시실의 구성 내용에서 볼 수 있는 것처럼, 한국현대사의 주요 '사건'과 관련하여 중요한 의미를 지니는 공간이기도 하지만, 한국 근현대사의 대표적 '인물'과 관련하여 더 흥미롭고 다채로운 이야기를 들려줄 수 있는 장소이기도 하다. 한국근현대사에서 매우 중요한 인물들인 김구, 안창호, 여운형, 이재유, 조병옥, 홍명희 등이 모두 이곳에 수감되어 혹독한 취조와 고문을 받았고, 내적으로 성숙할 수 있는 계기를 이곳에서 발견해 내기도 했다. 그야말로 형무소는 한국 민족운동의 대표적인 유배지이자 산실(産室)이 되었던 것이다.

서대문형무소 생활을 통해 완연한 민족운동가로 거듭난 대표적 인물로는 일제시기 우파 민족운동계열의 가장 대표적 인물 중 한 명인 김구를 꼽을 수 있겠다. 김구는 세 차례에 걸쳐 약 6년 동안의 투옥 경험을 지닌 인물이다. 첫 번째 투옥은 21살 때인 1896년 2월 객주집에서 일본인을 때려죽인 '치하포 사건'으로, 두 번째 투옥은 1909년 안악에서 교원 생활을 하며 수천 명의 청중 앞에서 배일(排日) 연설을 한 죄로, 세 번째 투옥은 1911년 안명근 사건으로 수년 간 감옥살이를 했다.

김구는 대부분의 수감생활을 서대문형무소에서 보냈는데, 처음 이곳에 왔을 때를 다음과 같이 회상했다. "당시 서대문감옥은 경성감옥이라고 문패를 붙인 때이고, 수인의 총수 2천 명 미만에 수인의 대부분이 의병이요, 그 나머지는 소위 잡범이다. 옥중의 대다수가 의병이란 말을 들은 나는 심히 다행으로 생각하였다."

위와 같은 김구의 회상은 이곳 서대문형무소가 설립 초기부터 반일 민족주의의 상징적 공간이 될 수밖에 없었던 이유를 잘 보여 준다. 김구의 모친 또한 서대문형무소로 면회를 와서, "이야! 나는 네가 경기감사나 한 것보담 더 기쁘게 생각한다"고 말했다고 하니, 당시 이곳이 어떻게 인식되고 있었는지 잘 보여 준다.

서대문형무소가 독립운동가로서의 김구의 성장에 결정적으로 중요했다는 증거는 이곳에서 탄생한 '백범(白凡)'이라는 호와 '구(九)'라는 이름의 작명 배경에 있다. 김구는 위와 같은 짧지 않은 수감생활을 통해 과거보다 더 뜨거운 민족애를 다지게 되었고, 그 결심의 표시로 이름의 한자를 거북 구(龜)에서 아홉 구(九)로, 호를 연하(蓮河)에서 백범(白凡)으로 바꾸어 동료들에게 알렸다고 한다. 『백범일지』에는 당시 상황이 이렇게 묘사되어 있다.

결심의 표시로 이름을 구(九)라 하고 호를 백범(白凡)이라 고쳐 가지고 동지들에게 선포하였다. 구(龜)를 구(九)로 고침은 왜민적(倭民籍, 왜놈이 관리하는 백성의 호적)에서 떨어져 나감이요, 연하(蓮河)

백범 김구

를 백범(白凡)으로 고침은 감옥에서 다년간 연구한 바 우리나라
하등사회 곧 백정(白丁) 범부(凡夫)들이라도 애국심이 지금 나의
정도는 되고야 완전한 독립국민이 되겠다는 원망(願望)을 가지자
는 것이다.

위의 김구의 사례와 같이 한국근현대사에서 중요했던 인물들
과 형무소의 상관성을 구체적으로 드러내는 것만으로도 전시관
의 이야기는 지금보다 훨씬 더 풍성하고 흥미진진해질 수 있다.
전시공간의 협소함이 가장 중요한 이유일지 모르겠지만, 일제시기 중요한 사건의 나열만으로는 이곳의 수많은 재미있으면서도 교훈적인 '이야기'들의 진면목을 제대로 보여 줄 수 없다. 게다가 현재까지 냉전의 화석으로 남아 있는 한반도의 분단 상황으로 인해 일제시기 독립운동 경력을 제대로 인정받지 못하고 있는 사회주의계열의 민족운동세력의 이야기들까지 풍성하게 더해진다면 이곳은 명실 공히 한국근현대사 교육의 중심지로 거듭날 수 있을 것이다.

* * *

전시실 건물의 관람동선을 따라 마지막에 이르게 되는 곳은 서대문형무소 지하고문실이다. 이곳은 실제 서대문형무소에 수감된 정치범들을 취조했던 공간이다. 당시 지하의 각 방은 취조실, 임시구금실, 독방 등으로 구성되어 있었다. 이곳에 끌려온 사람들은 취조 과정에서 온갖 형태의 고문을 감내해야만 했다. 때문에 이곳 서대문형무소 보안과청사 지하실은 수감자들 사이에서 '지하고문실'이라는 별칭으로 불렸다.

일부 방문객들에게는 형무소 건물 내에 '취조실'이 있다는 사실이 다소 의아할 수도 있을 것이다. 죗값을 치르러 온 사람들에게 또 무슨 취조를 한다는 것인가? 그런데 일제시기 서대문형무소에는 재판을 받기 전 미결로 수감된 독립운동가들이 다수 수감되어 있었다는 사실을 상기할 필요가 있다. 일제는 이들 '미결 수감자들'을 일일이 경찰서로 이송하여 취조하지 않고, 고등계 형사를 직접 서대문형무소에 파견하여 이곳 지하실에서 취조를 했던 것이다. 그리고 그 취조의 과정에서 수감자의 목숨을 앗아가기도 했던 가혹한 고문을 자행했던 것이다.

일제의 취조와 야만적인 고문은 애국지사들로부터 허위 자백을 이끌어내기 위해 강행되는 경우도 많았다. 1911년에 발생한 105인 사건은 그 대표적인 예이다. 105인사건이란, 1911년 일제가 조선인들의 민족해방운동을 탄압하기 위해 데라우치(寺內正毅) 총독의 암살 미수 사건을 조작하여 105인의 독립운동가를 감옥에 가둔 사건을 일컫는다. 이 사건으로 애국계몽운동기의 비밀결사였던 신민회가 해체되기도 했다. 당시 105인사건은 처음부터 날조된 사건이었기 때문에 고문에 의한 허위자백 외에는 달리 증거를 찾을 방법이 없었다. 이에 이 사건의 조작을 진두지휘한 총독부 경무총감 아카이시(明石元二郎)는 일찍이 러시아 주재 무관으로 근무했던 인물로서, 제정 러시아가 폴란드 등 식민지 민족에게 가했던 고문방법을 그대로 도용하여 이 사건의 조작에 앞장섰다. 당시 일제의 고문이 얼마나 혹독했던지 김근영

서대문형무소 지하전시관의 전시물들. 손톱찌르기 고문, 상자 고문, 벽관 고문 등을 위한 도구들. 출처: 서대문형무소 역사관

과 정희순이 감옥에서 사망했고, 목사 전덕기도 그 여독으로 출
감 후 사망했다.

역사학자 윤경로의 『105인사건과 신민회 연구』(1990)에는 당
시 사건 조작을 위해 민족운동가들에게 가해진 수많은 고문의
사례들이 제시되어 있다. 대나무 못을 손톱과 발톱 사이에 박기,
가죽채찍과 대나무 묶음으로 맨몸을 휘감아 때리기, 널빤지에
못을 박아 그 위에 눕게 하기, 온몸에 기름을 바른 후 인두와 담

뱃불로 지지기, 거꾸로 매달고 코에 뜨거운 물 붓기, 수일 동안 밀폐된 독방에 가두고 일체의 음식물을 주지 않기, 여러 날 굶긴 후 그 앞에서 만찬을 벌이기 등등. 이루 필설로 담기 힘든 가혹 행위가 일제하의 감옥에서 자행되었다.

제2차 세계대전 당시 나치 독일로부터 혹독한 고문을 당했던 장 아메리(Jean Améry)는 그의 유명한 저서 『죄와 속죄의 저편』(1966)을 통해 "고문은 한 인간이 내면에 간직할 수 있는 가장 끔찍한 사건"이라고 주장했다. 동시에 그는 "나의 모든 개인적 체험을 넘어 제3제국에서는 고문이 우연한 일이 아니라 핵심이었다"고 역설했다. 아메리는 고문의 경험이 자기 개인뿐만 아니라 나치 독일을 이해하는 데 있어서도 핵심적 요소임을 강조했던 것이다.

환언컨대, 고문은 현재의 우리가 생각하는 것보다 훨씬 더 일제시기를 이해하는 데 있어서 중요할 뿐만 아니라, 특정한 민족운동가 개인을 이해하는 데 있어서도 중요한 요소일 수 있다. 일제의 감옥에서 자행된 가혹한 고문행위는 일제 식민지 정책의 민낯이자 본질일 수 있다는 것이다. 더불어 "한 인간이 내면에 간직할 수 있는 가장 끔찍한 사건"이라는 고문을 통해 조선의 한 인간 또한 고문 이전과는 완전히 다른 유형의 인간으로 변할 수도 있었다. 예컨대 105인사건으로 혹독한 고문을 경험했던 윤치호는 끝내 고문을 이기지 못하고 친일 전향을 선언(1915)하며 출소했고, 이후 일제 말기까지 줄곧 식민지배에 순응하는 삶을 살아갔다. 윤치호에게 고문은 자신의 육체에 가해진 고통 이상의 그 무엇, 즉 개인의 힘으로는 극복 불가능한 일본 제국주의 그 자체였을 수도 있다.

근대 감옥의 가혹한 통제와 수감자의 고통

중앙의 전시실 건물을 빠져나와 동선을 따라 움직이면 수감자들이 갇혀 있던 옥사(獄舍)에 다다르게 된다. 이곳은 1919년 3·1운동으로 수감자가 급증하자 신축된 옥사로서, 1922년 2층 규모로 완공된 건물이다. 아래의 사진을 통해 볼 수 있듯이, 왼쪽부터 제10옥사, 제11옥사, 제12옥사가 나란히 배치되어 교도관의 감시와 통제가 용이하도록 설계되었다. 서대문형무소를 위에서 내려다보면 이 세 옥사가 부채꼴 모양으로 길쭉하게 뻗어나가 있는 모습을 쉽게 확인할 수 있다. 이러한 옥사의 형태는 중앙사에 있는 간수가 감방을 효율적으로 감시할 수 있도록 하기 위한

간수 감시대에서 바라본 파놉티콘 구조의 서대문형무소 옥사. 출처: 서대문형무소 역사관

것이다. 흔히 '파놉티콘(panopticon)' 혹은 '일망(一望) 감시시설'이
라고 불린다.

파놉티콘은 공리주의를 주장했던 영국의 철학자이자 법학자
인 제러미 벤담(Jeremy Bentham)이 제안한 감옥 건축양식으로 알
려져 있다. 파놉티콘은 그리스어로 '모두'를 뜻하는 'pan'과 '본다'
를 뜻하는 'opticon'을 합성한 조어이다. 벤담은 파놉티콘을 통해
소수의 감시자가 자신을 드러내지 않고 모든 수용자를 감시할

수 있는 감옥을 만들고자 했다. 실제 파놉티콘 수감자는 항상 간수의 시선에 노출되어 있는 객체가 될 수밖에 없을 뿐만 아니라, 간수가 없는 경우에도 간수가 항상 자기를 지켜본다고 여기게 되어, 수감자 스스로 자신의 내부에 감시하는 눈을 지니게 되는 순종적 객체가 될 수밖에 없다. 일제는 파놉티콘 구조의 옥사를 통해 조선인 독립운동가들로 하여금 감옥 밖에서도 그 내면에 일제의 감시하는 눈을 작동시키고자 했었는지도 모를 일이다.

파놉티콘 원리는 서대문형무소 내의 '격벽장(隔璧場)'이라는 수감자 운동 시설에 더욱 엄격히 적용된 사실을 확인할 수 있다. 수감자들에게 주어진 운동시간은 그나마 수감자들이 옥사 밖으로 나와 짧게라도 다른 방 수감자들과 은밀히 대화할 수 있는 중요한 소통의 기회였다. 그러나 일제는 격벽장의 구축을 통해 이 같은 기회마저 철저하게 감시하고 통제하고자 했던 것이다.

서대문형무소 수감자들은 위와 같은 일제의 철저한 감시에도 불구하고 서로 소통할 수 있는 최선의 방식을 찾아내기 위해 애썼다. 그 단적인 사례로는 '통방(通房)'을 들 수 있다. 원래 일제시기 서대문형무소 수감자 사이에는 감옥 내외 어디에서도 대화가 허용되지 않았다고 한다. 이에 방을 달리하는 수감자들은 정보 교환을 위해 미리 암호화된 통신문을 주고받는 의사소통 방식으

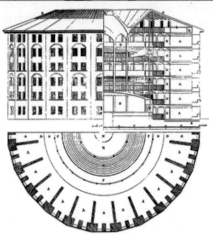

서대문형무소의 격벽장(위) ⓒ 김태우. 벤담의 파놉티콘 설계도(1791년, 아래)

로 통방을 개발했다. 통방의 방식으로는, 수감 전 미리 암호화된 단어를 지정하였다가 감옥 내에서 암구호로 사용하는 경우와 모르스부호처럼 벽을 두드려 그 숫자에 따라 단어를 조합하는 경우가 있었다.

1929년 일본의 우편 소송 차량을 습격하여 서대문형무소 구치감 4동 6호 감방에 수감되었던 김정련(金正連)은 벽을 쳐서 통방하던 소위 '타벽통보법(打壁通報法)'에 대해 아래와 같이 회고했다.

> 5호실에는 도산선생보다 먼저 투옥되신 몽양 여운형 씨가 계셨고, 8호실에는 오동진 씨가 계셨으며, 그 상하좌우로 김준연, 최양옥, 신덕영, 이선구, 김약수, 권오설 씨 등 그 밖에도 많은 동지들이 각각 숨막힐 듯한 좁은 독방 속에서 신음하고 있었다. … 두께가 2척이 넘는 시멘트 감방 벽을 딱딱 두드리는 소위 타벽통보법(打壁通報法)을 극비밀로 사용하여 울분을 푸는 것이었는데 … 해외에서 검거 투옥된 동지들은 대개 그 암호법을 모르는 것이었다. 그래서 중간에서 암호연락이 두절돼 곤란받지 않도록 그 옆방 동지가 그것을 가르쳐 주어야 하는데, 유난히 감시가 심한 특수감방에서 암호를 가르친다는 것은 무서운 모험이었다.

앞의 글은 한국 민족운동을 대표하는 수많은 인물들이 서대문형무소에 수감되었다는 사실을 잘 보여 준다. 그리고 이들이 좁은 독방 내에서도 상호 간에 끊임없이 소통하고자 했던 사실을 확인할 수 있다. 서대문형무소 내에서는 냉전시대와 같은 좌우의 날카로운 대립은 없었던 것으로 판단된다. 김약수와 안창호가, 권오설과 김준연이 위험을 무릅쓰고 소통하고자 했으니 말이다.

* * *

1930년대 서대문형무소의 일상에 대해 연구한 박경목(朴慶穆)에 의하면, 당시 수감자들에게는 감방 안에서 '아무것도 하지 않는 것' 자체가 커다란 고역(苦役)이었다고 한다. 일제는 특히 사상범(특히 공산주의자)에게는 노역을 시키지 않았기 때문에 표현 그대로 하루의 대부분을 감방에서 보내야만 했다. 이들은 기상 후 각자의 자리에서 계속 침묵을 유지하며 정좌(正坐)를 하고 있어야만 했고, 취침에 들어서야 누울 수 있었다. 심지어 아파도 함부로 누울 수 없었고 별도의 허락을 받아야만 했다. 취침 시에는 간수의 '취침'이라는 구령에 따라 정좌하고 있던 자세를 풀고 취침에 들어갔다. 표현 그대로 아무것도 하지 않고 계속 정좌만

하고 있었던 것이다. 이 자체가 어찌 고역이 아닐 수 있겠는가?

수감자들은 1930년대 사상범의 급증과 함께 더욱 힘든 생활을 감내해야만 했다. 좁고 열악한 주거환경이 수감자들을 지치고 병들게 만들었던 것이다. 1931년 〈동아일보〉는 아래와 같은 기사를 실었다.

1평에 4명씩 수용 초열(焦熱) 지옥의 철창. 중태에 빠진 자만 3명. 사상범에 환자 속출. 3~4년 동안 철창에 신음하다 출옥한 모씨의 말을 들으면 사상범은 작은 방에 4명씩 수용, 지금 같은 고열은 차마 견딜 수 없다. 그리고 음식물에 대하여 밥이란 거가 반이나 섞인 좁쌀을 줌으로써 먹을 수가 없고 또한 형무소 안에서 사상범을 취급하는 것이 특히 가혹하여 견딜 수 없다는 것이다.

찌는 듯한 더위에 제대로 환기가 되지 않는 1평의 공간에서 3~4명 정도가 함께 생활한다는 것은 그 자체로 고통이 아닐 수 없을 것이다. 1935년 일제의 통계에 의하면 전국 감옥의 수용밀도가 1평당 3.12명이었다고 한다. 옥사의 큰방이 약 3.3평이고, 작은방이 약 1.2평이었으니, 보통 큰방에는 10명 이상, 작은 방에는 3명 이상이 수감되었을 것으로 추산된다. 게다가 감방에는 화장실이 따로 없었기 때문에 수감자들은 이 좁디좁은 방안에서 풍기는 일명 '뺑끼통'의 용변 냄새와 현기증 나는 가스를 일상적으로 견디며 생활해야만 했다. 김구는『백범일지』를 통해 "가스에 불이 나서 수인들이 질식이 되면 방안으로 무소대를 들이 쏘아 진화하고 질식된 자는 얼음으로 찜질하여 살리고 죽는 것도 여러 번 보았다"고 서술했다. 여름철에는 "수인들의 호흡과 땀에서 증기가 발하여 서로 얼굴을 분간 못하게 된다"고 하니, 3.3평 공간에 10여 명의 장정들이 들어찬 감방에서의 일상은 그 자체로 고문이었을 것이다.

* * *

관람 동선을 따라 최초의 12옥사에서 11옥사로 옮겨 가면 대한민국 민주화운동의 역사와 마주하게 된다. 이곳에 전시된 대부분의 인물들은 이곳이 '서울구치소'라고 불리던 시기(1967~1987)의 수감자들이었다. 전시물의 상단마다 '2011 서대문 독립민주 Festival'이라는 문구가 새겨져 있는 것을 보니, 2011년 특별행사의 일환으로 마련한 전시물들을 현재까지 철거하지 않고 계속 사용하고 있는 듯하다. 서울구치소에 수감되었던 주요 역사적 인물들, 이를테면 행동하는 지식인 리영희(李泳禧), 전태

리영희(왼쪽)와 이소선(오른쪽) 관련 전시물. 출처: 서대문형무소 역사관

일(全泰壹) 열사의 어머니이자 한국 노동운동의 어머니로 불렸던 이소선(李小仙), 인권변호사 이돈명(李敦明), 민주화운동가이자 정치인이었던 김근태(金槿泰), 민족시인 고은(高銀) 등의 약력과 사진과 글과 발자국 조형물 등이 감방마다 전시되어 있다. 이 전시물들을 하나하나 돌아보노라면 왜 이곳이 한국 민주화운동의 주요 성지(聖地)로 불릴 수밖에 없는지 쉽게 확인할 수 있다.

나는 한국현대사 연구자로서 앞서 전시실에서 볼 수 없었던 '민주화운동의 역사'를 이곳에서나마 보게 된 사실에 매우 기뻤다. 최근 급속히 우경화되고 있는 정부의 한국사 관련 정책에도 불구하고 이 전시물들이 용케도 철거되지 않은 채 '살아남았다'

서대문형무소 옥사 내부. 출처: 서대문형무소 역사관

는 사실에 기쁘지 않을 수 없었다. 최근 박근혜 정부의 역사교과서 문제를 중심으로 한 한국현대사 관련 논쟁들은 기존 민주화운동의 역사적 의의를 상당 정도 격하시키고, 집권자를 중심으로 한 경제성장과 산업화 성공 스토리를 강조하는 방향으로 진행된 측면이 강하다. 그러나 민주주의를 향한 역사의 도도한 흐름이 어찌 이 지점에서 꺾이거나 역주행할 수 있겠는가? 이곳 11옥사 곳곳에 수감되듯 전시된 민주화운동의 역사가 언젠가는 전시실의 가장 중요한 곳에 당당히 자리 잡을 수 있을 것이라고 감히 예상해 본다.

한·일 혁명가들의 연대의 기억을 떠올리며

서대문형무소를 나서며, 이곳을 방문했던 사람들이 어떤 심경의 변화나 배움을 가슴에 안고 떠났을지 상상해 본다. 아마도 적잖은 이들이 독립운동가들을 향한 일제의 잔인한 가혹 행위에 '분노'하며 이곳을 떠났을 가능성이 높아 보인다. 그리고 이 같은 일제를 향한 '분노'는 현대 일본을 향한 '반일의식'으로 이어졌을 가능성이 높을 것이다.

실제 일제의 식민통치는 매우 혹독했다. 그리고 서대문형무소에서 자행된 일제의 고문 행위와 수형자들의 수감생활 또한 가혹하기 이를 데 없었다. 나치 독일의 고문을 직접 경험했던 장 아메리가, 고문이야말로 우연이 아닌 나치 독일의 핵심이라고 주장한 것과 마찬가지로, 일제 감옥에서 행해진 각종 가혹행위와 고문, 독립운동가들의 고통스러운 일상 등은 일제 식민통치의 본질을 보여 주는 것이라고 평가할 수도 있다. 때문에 이 같은 역사적 사실들을 후속세대에게 제대로 알려 주는 것도 그 나름의 중요한 의미를 지닐 것이다.

그러나 현재의 우리는 '서대문형무소 역사관'의 위상과 성격을 반일 민족주의의 산실로만 국한시켜서는 안 된다. 일제의 폭력적인 제국주의 역사를 단순한 '반일감정'으로 치환시키는 작업은 현재의 우리와 후속세대에게 결코 바람직하지 않을 것이다. 그 같은 민족적 적대감은 또 다른 폭력의 씨앗이 될 뿐이다. 서대문형무소 역사관은 단순한 폭력의 기억 저장소가 아닌, 미래 한반도와 동북아 평화의 주춧돌이 되어야 한다. 한국과 일본 사이에 또 다시 이처럼 불행하고 폭력적인 역사가 반복되지 않도록 하기 위해 스스로 평화의 징검다리가 되어야만 한다. 현시점에서 우리는 이에 대해 진지하게 고민해 볼 필요가 있다.

그렇다면 현재의 서대문형무소 역사관의 전시 상황에서 어떤 변화를 주는 것이 이 같은 평화 사상의 함양에 도움을 줄 수 있을까?

일단 역사관 부지의 한가운데에 자리 잡고 있는 2층 규모의 전시실이 이곳의 방대하고 깊이 있는 역사를 제대로 보여 주기에는 매우 옹색하고 비좁다는 사실에 대해 지적하지 않을 수 없다. 개인적 생각으로는, 형무소 부지 한편에 제대로 된 '역사관'을 새롭게 건축하는 것이 가장 바람직한 해결방안이라고 제안하고 싶다. 최소한 4~5층 규모의 대규모 역사관을 신축하여 의병운동으로부터 민주화운동으로 이어지는 풍부한 근현대사 이야기를 다채롭게 담을 필요가 있다. 더불어 이곳에서 사실상 삭제된 역사, 즉 일제시기 사회주의계열 민족운동가들의 이야기와 1960~80년대 민주화운동의 장엄한 흐름을 함께 드러내야만 한다. 그리고 그 장구한 역사의 흐름 속에서 당대인과 지금의 사람들에게 깊은 영감을 주는 '개인'들의 이야기를 흥미롭게 제시해 주어야 한다. 더불어 현재 전시실로 사용되고 있는 보안과청사 건물은 이 건물의 역사적 성격을 보여 주는 새로운 자료들과 이야기로 채워져야 할 것이다.

다음으로 이곳은 현대 한국과 일본 사람들의 적대감을 키워 주는 공간이 아니라, 과거에 대한 반성과 새로운 평화사(平和史)적 사실의 발견을 통해 상호 간의 평화적 연대감을 키워 주는 공간으로 재건될 필요가 있다. 평범한 일본인 관광객들도 부담 없이 이곳을 방문하여 역사적 과오를 반성하고, 평화의 필요성과 연대의 가능성에 대해 숙고할 수 있도록 재탄생시켜야만 한다.

이를테면 일제시기 서대문형무소에 수감되었던 일본인 수감자들에 관한 이야기를 평화사적 관점에서 전시해 보는 것은 어떨까? 지금도 일본에는 일본 정부나 우경적 지식인들의 주장과는 달리 동북아의 평화와 국제적 시민 연대를 주장하는 사람들이 많이 있다. 이와 마찬가지로 일제시기에도 일본의 제국주의 정책에 저항하며 조선인들을 돕다가 이곳 서대문형무소에 수감된 이들이 적잖이 존재했다. 특히 1930년대 조선인과 일본인 혁명가들의 국제적 우정은 현대의 동아시아인들에게 적잖은 귀감이 될 수 있다.

1930년대 서대문형무소에 수감되었던 일본인 이소가야 스에지(磯谷季次)의 『우리 청춘의 조선: 일제하 노동운동의 기록』에는 이 같은 사례들이 여럿 등장한다. 이소가야는 함흥과 흥남 지역에서 태평양 노동조합에 가입하여 조선인들과 함께 활동하다가 1932년에 체포된 인물이다. 이후 그는 서대문형무소에서 10여

년 동안 수감생활을 하면서 다수의 조선인들과 만날 수 있었고, 출옥 후 자신의 서대문형무소 체험을 『우리 청춘의 조선』이라는 한 권의 책으로 엮어 냈다.

이소가야는 자신의 책을 통해, 1930년대 간도공산당사건으로 수감된 박익섭, 이동선, 김응수 등에 대해 흥미롭게 묘사하고 있다. 간도공산당사건이란, 1927년 10월부터 1930년 5월까지 간도 지역에서 전개된 조선인 공산주의자들의 대대적 항일운동을 지칭한다. 이 시기 일제는 총 5차례에 걸쳐 다수의 조선인 항일운 동가들을 검거했다. 특히 1930년 5월의 제4차 간도공산당사건 당시에는 5,000여 명을 체포하여, 이 중 300여 명을 감옥에 가두었다. 이소가야에 의하면, 간도공산당사건과 관련하여 사형을 선고받은 서대문형무소 수감자들이 22명에 달했다고 한다. 서대 문형무소 전시관의 해설판 기록에 의하면, 이들 중 18명이 1936년 7월 21일과 22일 양일에 걸쳐 서대문형무소에서 사형당했다.

이소가야는 간도공산당사건으로 사형을 선고받은 조선인 항일운동가들이 일본인 혁명가들을 향해 각별한 동지애를 보여 주었다고 말한다. 예컨대 사형수 박익섭은 죽음을 눈앞에 둔 채 감방에서 쇠사슬로 온몸이 묶여 있는 상태에서도 언제나 "싱글벙글 웃고 있었으며", 이소가야와 헤어지던 날에도 오히려 "이소가야, 건강해야 돼"라고 말하며 쇠사슬로 묶인 부자연스런 손으로 일본인 혁명가의 손을 힘껏 잡아 주었다고 한다.

박익섭의 동지이자 간도공산당사건의 지도 인물 중 한명이었던 이동선 또한 이소가야 감방 근처 방에 수용되어 있었다고 한다. 그런데 어느 날 이소가야는 이동선으로부터 다음과 같은 쪽지 한 장을 몰래 전달받을 수 있었다. "친애하는 동지여, 건강하십니까. 이번 운동에 나오면 내 셔츠와 동지의 것을 교환하고자 생각합니다. 운동할 때 내 셔츠를 동지의 운동장 담에 걸어두겠습니다. 동지의 것도 같은 곳에 걸어둬 두십시오. 그러면 나는 동지의 것을 입겠습니다. 동지도 알고 있듯이 우리들은 그다지 멀지 않은 장래에 이 세상을 떠납니다. 그럼 동지여, 부디 안녕히. 이동선."

이소가야는 이동선의 쪽지를 읽고 뜨거운 눈물을 흘리지 않을 수 없었다. 당시 이소가야는 초여름의 더운 날씨에도 불구하고 여름철 하의가 없어서 낡은 겨울옷을 입고 있었다고 한다. 이동선이 이 모습을 딱하게 여겨, 사형 집행 후 폐기될 자신의 새 여름 셔츠를 이소가야의 겨울옷과 바꾸고자 했던 것이다. 이소가야는 완곡히 사양하며 감사의 말을 전했으나, 이동선은 끝내 둘의 옷을 이소가야 몰래 바꿔치기하고야 말았다고 한다.

이동선(위)과 김응수(아래)의 수형기록표. 출처: 서대문형무소 역사관

사형집행일 당일 박익섭, 이동선 등과 함께 사형된 김응수의 이야기는 좀 더 특별하다. 김응수는 감방에서 사형장으로 가는 도중에 어떤 노래를 소리 높여 불렀는데, 처음에는 조선어로 나중에는 일본어로 불렀다고 한다. 그가 일본어로 노래를 부른 이유는 "감옥에 있었던 일본인 동지에게 마지막으로 고별의 마음을 담아 보내고" 싶었기 때문이었다. 당시 서대문형무소에는 유명한 조선인 공산주의자 이재유를 자신의 집 마루 밑에 숨겨 주기도 했던 경성제국대학 교수 미야케 시카노스케(三宅鹿之助) 등도 수감되어 있었다.

이렇듯 서대문형무소에 수감되었던 조선인과 일본인 사이의 연대와 우정은 지금 우리의 시선으로 보아도 매우 감동적이다. 어느 조선인 독립운동가는 온몸이 쇠사슬에 묶여 죽음을 기다리고 있음에도 불구하고 오히려 일본인 동지의 건강을 걱정했고, 또 다른 조선인 수감자는 한여름의 찌는 더위에도 불구하고 자신의 깨끗한 여름옷을 일본인 동지의 낡고 두터운 겨울옷과 기꺼이 바꿔입고자 했으며, 또 다른 항일운동가는 사형 집행 당일 사형장으로 끌려가는 '죽음 직전의 순간'임에도 불구하고 일본인 동지를 위해 일본어 노래를 불러줄 수 있는 아량을 지니고 있었다. 일제에 의해 죽임을 당하기 직전의 순간임에도 불구하고

서대문형무소 사형장. © 김태우

일본인을 위해 노래를 불러 주었다는 사실은 일면 놀랍기도 하다. 그러나 이들의 시선에서 이소가야나 미야케는 단순한 '일본인(적대국민)'이 아닌, '일본 제국주의'에 대항해 싸우는 '동지'일 뿐이었을 것이다. 그들의 국적은 중요하지 않았던 것이다. 그저 끈끈한 동료애와 인류애와 평화를 향한 간절한 소망만이 중요할 뿐이었다.

우리의 아이들도 이런 감동적인 이야기를 서대문형무소에서 들을 수 있어야 한다. 평범한 일본인 관광객들도 이런 이야기들을 서대문형무소에서 얻어갈 수 있어야만 한다. 물론 일제의 과오를 직시하게 하고, 그 같은 불행한 일이 또 다시 동북아 지역에서 발생하지 않도록 교육하는 일은 여전히 중요하다. 그러나 미래 동북아의 평화적 비전과 방향성을 새롭게 열어 나가기 위해서는 미미하거나 사소하다할지라도 상호 간의 우정과 연대의 기억을 끄집어내야만 한다. 그리고 그 새로운 발견들에 적극적 의미를 부여해 나가야 한다. 그래서 그 같은 연대와 우정의 경험들이 지속적으로 학습되고 축적될 때, 평화의 목소리가 대립과 갈등의 목소리를 압도할 때, 비로소 한반도와 동북아의 새로운 평화의 가능성이 열리게 될 것이라는 사실을 널리 주지시켜 나가야 할 것이다.

04

철원의 비무장지대와 노동당사

끊어진 철도 위에서 한반도의 '통일과 평화'를 소망하다

섬 안의 섬

아직도 창밖은 깜깜했다. 별빛도 졸고 있는 추운 겨울의 일요일 새벽. 이 계절의 이 시간에 혼자만의 여행을 위해 침대의 안락함을 포기하다니. 아마도 내 인생에서 손가락에 꼽을 수 있을 정도로 흔치 않은 일이 일어나고 있었다.

그래도 예상보다는 훨씬 가뿐하게 아침을 맞았다. 한 주 동안 쉬지 않고 질주했던 내 몸이 강하게 저항할 줄 알았는데, 생각보다는 매우 쉽게 아침을 맞을 수 있었다. 아마도 오랜만에 느끼는 묘한 흥분과 기대 때문에 그러했으리라. 해방 후 수십 년 동안 많은 한국인들의 발길을 허용하지 않았던 금단의 땅, 우리가 위태로운 군사정전(軍事停戰)의 상태에서 살고 있다는 사실을 가시적으로 확인시켜 주는 곳, 인간이 아닌 야생동물들이 주인 행세를 하는 곳, 육로로는 국경을 넘을 수 없는 '섬나라' 안에 자리 잡은 '섬 안의 섬'. 오늘 나는 그곳으로 갈 예정이기 때문이다.

이른 주말 아침임에도 불구하고 서울역 대합실은 사람들로 가

서울역에서 출발하는 백마고지행 'DMZ Train'. © 김태우

득하다. 사람들의 표정 속에서 노곤함과 기대를 함께 읽을 수 있
다. 누군가는 대합실의 간이의자에 기대어 부족한 잠을 보충하
고 있고, 누군가는 커다란 웃음과 함께 요란한 수다를 떨고 있
다. 나는 대합실 한켠의 커피숍에서 뜨거운 아메리카노를 들이
키며 오가는 사람들을 조용히 바라본다.

   나는 서울역에서 아침에 출발하여 저녁에 돌아오는 백마고지
행 'DMZ Train'을 예약했다. 코레일(Korail)에서 판매하는 여행상
품을 구매한 것인데, 식사와 현지 관광버스와 가이드가 제공되

는 것치곤 합리적인 가격의 여행상품이었다. 게다가 철원 주요 관광지의 상당수가 민간인 출입을 통제하는 민통선 지역 내에 자리 잡고 있기 때문에 이미 현지 군과의 긴밀한 협력체계를 갖춘 여행상품을 활용하는 것이 여러모로 편리하기도 하다.

열차 출발 시간이 가까워져 객차에 올랐다. 며칠 전에 읽다가 만『통일은 과정이다』라는 책을 꺼내들었다. 임동원, 백낙청, 염무웅, 이만열 등과 같은 학계와 사회 원로들의 통일에 대한 개인적 생각을 엿볼 수 있는 좋은 책이다. 책 표지에 "통일은 도둑처럼 오지 않는다. 통일은 만들어 가는 것이다"라는 문구가 새겨져 있고, 표지 전면에 걸쳐 남에서 북으로 이어지는 듯한 긴 '철로' 사진이 커다랗게 배치되어 있다. 열차의 객차 안에서 철로 사진을 한참 바라보며 상념에 젖어 본다.

그렇다. 통일은 만들어 가는 것이다. 많은 고민과 논의와 시행착오와 도전과 작은 성공들이 끊임없이 반복되고 집적되어야만 '통일을 통한 평화', '평화를 통한 통일'의 가능성이 열릴 수 있다. 우리는 한국전쟁의 경험을 통해 평화를 무시한 채 통일만을 지향하는 행위가 우리에게 얼마나 큰 불행을 안겨 줄 수 있는지 절감할 수 있었다. 더불어 현재 우리는 불안정한 분단체제 속에서 선진국으로 도약할 수 있는 수많은 정치·경제적 가능성들이 심각하게 상쇄되어 버린다는 사실을 명료하게 목도하고 있다.

정보통신과 기술의 발전에 의해 갈수록 좁아지는 세계 속에서 우리는 지금처럼 계속 내적으로 갈등하고 외적으로 반목하며 살아갈 수는 없다. 대륙과 해양을 이을 수 있는 좋은 입지조건에도 불구하고 지금처럼 계속 섬나라 아닌 섬나라 사람들처럼 살아갈 수는 없다. 지금 내가 타고 있는 경원선 열차가 진짜 서울과 원산 사이를 달리게 될 때, 원산을 너머 블라디보스토크와 모스크바와 베를린에 닿을 수 있을 때, 그 열차를 따라 남북한 사람들과 세계인들이 자유롭게 만나게 될 때 한반도 거주민들의 평화의 가능성은 더욱 커질 것이다.

재건촌: 목숨을 담보로 일군 땅

창밖으로 스쳐가는 낯선 풍경과 책 속에 등장하는 원로들의 목소리에 귀를 기울이는 사이 어느새 열차는 종착역인 백마고지역에 도착했다. 객차가 3량이나 됐지만, 승객은 열댓 명밖에 되지 않았다. 나처럼 혼자 온 사람들, 친구와 함께 온 사람들, 아이의 교육을 위해 온 사람들, 고령의 부모님을 모시고 온 사람들,

경원선의 철도종단점. ⓒ 김태우

심지어 금발의 외국인까지. 열댓 명의 구성원들 치곤 꽤나 다양한 사람들이 한데 모인 것을 확인할 수 있었다.

백마고지역에는 이곳이 경원선의 종단점이라는 사실을 알려주는 커다란 안내판이 우뚝 솟아 있었다. 경원선이 최초로 단절된 시기는 1945년 8월 24일이었다. 해방 후 얼마 되지 않아 38선을 넘나들던 경원선, 경의선, 토해선, 사리원선 등이 모두 운행 정지되었다. 1945년 8월 일본군 무장해제의 명목으로 미국의 제안과 소련의 수용에 의해 임시적으로 그어졌던 38선은 1948년 두 개의 적대적 국가 수립의 기초가 되었고, 한국인들을 전쟁의 악몽으로 몰아넣는 계기를 제공했다.

특히 이곳 철원은 분단의 충격을 직접적으로 받은 가장 대표적인 도시였다. 한반도의 중심부에 위치한 철원은 경원선의 중심지이자 금강산 전철의 시발점인 교통의 요충지로 유명했다. 또한 철원의 너른 평야는 수리시설을 잘 갖춘 대표적 곡창지대였다. 때문에 과거 이곳은 전국으로부터 다양한 농축산물이 모여드는 곳, 주민들의 생활이 윤택하고 인심이 좋은 곳, 교육열이 강했던 곳으로 잘 알려져 있었다. 일제시기와 해방 직후 철원 구시가지에는 경성에나 있었던 대규모 백화점까지 자리 잡고 있었다. 철원역 부근에는 백화점, 극장, 방적공장, 전기회사, 학교, 경찰서, 교회, 목욕탕 등과 같은 현대식 건물들이 즐비하게 늘어서 있었다고 한다. 그러나 뒤에 살펴보겠지만, 지금 그곳에는 과거의 영화를 전혀 느낄 수 없는 광활한 공터만이 덩그러니 자리 잡고 있다. 시간이 멈춘 곳이라기보다는 오히려 시간이 역주행한 곳 같은 느낌을 준다.

열차에서 내려 백마고지역 주차장 한켠에 있는 관광안내소에 이름, 주소, 연락처 등을 제시한 후 관광버스에 올랐다. 이 개인정보들은 민간인통제구역을 여행하기 위한 기본정보로 군에 제공되는 것이기 때문에 정확히 적어야만 한다. 버스에 오르자마자 오늘 하루 여행객들과 함께 할 여행안내자 분이 밝게 웃으며 여행객들에게 인사를 올린다. 민통선 지역 내에서 수십 년째 살고 있다는 중년의 여성이다. 나는 철원과 DMZ의 역사에 대해 어느 정도 공부를 하고 왔기에, 안내자 해설의 정확성 여부를 여행 내내 흥미롭게 관찰했다. 그런데 그리 오랜 시간이 지나지 않아 그녀가 해설을 위해 꽤나 많은 준비를 했다는 사실을 어렵지 않게 알아차릴 수 있었다. 개별 안내자마다 편차가 있겠지만, 우리 안내자의 해설은 꽤나 정확하고 방대하고 구체적이었다.

버스가 도달한 첫 번째 행선지는 백마고지역 인근의 '두루미 평화마을'이라는 곳이었다. 기차를 타고 오는 사이 어느새 점심 식사 시간이 되었기 때문에 일단 이 마을에서 식사부터 하게 된 것이다. 철원의 유명한 '오대미'로 지은 밥이기 때문에 밥맛이 매우 좋다는 여행안내자의 해설이 곁들여졌다.

밥은 해설자의 설명처럼 진짜 맛있었다. 오대미의 명성에 대해 들어본 적은 없었지만, 해외시장에 내놓아도 최상급으로 분류될 정도의 질 높은 쌀임에 틀림없었다. 여행을 마치고 돌아와 이곳 두루미평화마을의 유래를 찾아보니 박정희 정권 시기에 조성된 '재건촌'이었다는 사실을 확인할 수 있었다. 지금은 민통선 바깥에 위치하고 있지만, 과거 이곳은 민통선 안쪽에 자리 잡고 있었던 소위 '민통선 마을'이었던 것이다.

민간인통제선(민통선)은 군사분계선(휴전선)으로부터 약 10km 밖에 설정된 경계선이며, 군사분계선과 민통선 사이의 공간은 민간인통제구역, 민통선 지역, 민북 지역 등으로 불린다. 예컨대 두루미평화마을은 과거에 민통선 지역이었지만, 민통선의 북상과 함께 현재는 민통선 바깥에 위치한 민통선 인접지역으로 그 위상이 바뀐 것이다.

원래 민통선은 한국전쟁 직후 새로운 터전을 찾으려는 사람들이 수복지구 일대로 몰려들며 새롭게 형성된 통제선이다. '수복지구'는 해방 직후에는 38선 이북 지역으로서 북한 정권의 통치를 받다가, 한국전쟁 이후에 남한에 새롭게 귀속된 지역을 일컫는다. 전쟁 이후 많은 사람들이 자신의 옛 땅을 찾기 위해, 혹은 농사를 지을 수 있는 새 땅을 찾아 이곳으로 몰려들었던 것이다. 이에 1954년 2월 미 육군 제8군 사령관이 직권으로 DMZ 후방 5~20km에 귀농을 막는 '귀농한계선(No-Farm Line)'의 설정을 지시했고, 이것이 민통선의 시초가 되었다. 귀농한계선은 1959년 유엔군 대신 한국군이 DMZ 방어 임무를 맡게 되면서 현재의 '민간

두루미평화마을의 시초를 보여 주는 사진들. 출처: 철원군청

인 통제선'으로 이름을 바꾸게 되었다.

민통선 지역 내에 있는 마을들은 자립안정촌, 재건촌, 통일촌 등과 같은 '전략촌'이 대부분이다. '자립안정촌'은 정전협정 체결 직후 북한이 DMZ 인근에 계획적인 '선전촌'을 짓기 시작하자, 이에 대응하여 대북 선전 효과를 거두기 위해 인위적인 민간인 이주 정책을 통해 조성한 마을이다. 철원군의 경우 가장 많은 자립안정촌이 건립된 것으로 알려져 있는데, 1959년 4월 철원읍 월하리에 72세대 353명이 입주한 것을 시작으로 1980년 11월까지 11차례에 걸쳐 975세대가 입주했다고 한다. '재건촌'은 대북 심리 효과와 함께, 유휴지 개간을 통한 식량증산이라는 또 다른 목적에 의해 건립된 마을로, 1968년부터 1973년 사이에 민통선 지역에 형성된 12개 마을이다. 그리고 '통일촌' 또한 비슷한 성격의 전략촌으로서, 1972년 5월 "재건촌의 미비점을 보완한 전략적 시범 농촌을 건설하라"는 박정희 전 대통령의 지시에 의해 1973년부터 건립되었다고 한다.

두루미평화마을은 대북 심리 효과와 유휴지 개간을 위해 형성된 '재건촌'으로 시작된 마을이다. 마을을 소개하는 홈페이지에는 주민들의 입주 시점과 입주 동기가 다음과 같이 설명되어 있다. "1967년 3월 10일 통제부 골짜기에 재건촌 건립계획에 의거

반공정신이 투철한 향군 150명(철원군 80명, 연천군 70명)이 최초 군용천막 생활로 가입주하였으며, 당시 향군단장은 박응하, 군 통제부 단장은 20사단 신현수 준장이었다. …… 내무부와 국방 부의 협조아래 국방력강화·대공 심리전·식량증산의 목적으 로 군부대의 지원과 향군 입주자들의 기초적인 농기구로 산적되 어 있는 지뢰밭과 불모지의 땅을 목숨을 담보로 개척하여 지금 의 통일의 전초기지인 미래의 땅을 일구었다."

"목숨을 담보로 개척"했다는 마을의 소개글은 결코 과장된 표현이 아니다. 입주 당시 이곳에는 한국전쟁기에 매설된 많은 지뢰들이 곳곳에 산재해 있었기 때문이다. 입주자들은 실제 죽어도 좋다는 각서를 쓰면서 입주했다. 그리고 마을 개척 과정에서 20여 명이 지뢰 사고를 당해 8명이 사망하고 10여 명이 부상을 입었다. 입주 당시부터 계속 거주하고 있는 주민들은 지뢰밭 개간을 가장 큰 어려움으로 회고한다. 게다가 주민들은 입주 당시만 해도 간첩침투가 빈번하여 직접 경계근무를 서야만 했고, 기반시설이 부재한데다 철분 함량이 높은 해당 지역 지하수로 인해 식수 조달에도 커다란 어려움을 겪었다. 목숨으로 일구어낸 황무지 개간이 끝나갈 무렵에는 정부의 약속과 달리 땅주인들이 나타나 법정 소송을 하는 바람에 적잖은 고통을 받기도 했다. 반공주의와 개발독재라는 한국현대사의 어두운 그림자가 두루미 평화마을의 역사에 직접적으로 투영되었던 것이다.

철원에서 만난 '해방 전후'의 이태준

식사를 마치고 마을 주위를 가볍게 산책하다가 검은 현무암 덩어리가 곳곳에 산재해 있는 것을 발견할 수 있었다. 철원평야가 넓은 용암지대 위에 자리잡고 있다는 사실을 증명하는 암석들이다. 지금으로부터 약 27만 년 전 신생대에 철원군 평강읍 서남쪽 5km 지점에 위치한 오리산(鴨山)이라는 작은 순상화산(楯狀火山, 방패를 엎어 놓은 듯한 완경사의 화산)에서 유동성이 큰 현무암질의 용암이 분출했다. 용암은 사방으로 흘러내려 철원 일대의 낮은 골짜기를 메움으로써 이 일대에 걸친 약 650㎢(약 1억9천6백만 평)에 이르는 광활한 용암지대가 형성되었다. 오리산 용암은 점성이 낮은 묽은 용암이었기 때문에 높게 쌓이지 않고 물처럼 넓게 흘러 평강고원과 이어지는 광활한 철원평야를 만들어 놓았던 것이다. 현무암 용암이 뒤덮인 철원평야에는 오랜 시간에 걸쳐 새로운 퇴적층이 쌓여 지금과 같은 기름진 철원평야로 거듭

두루미평화마을의 '상허 이태준 문학비'와 흉상(왼쪽)과 이태준의 실제 모습(오른쪽).
© 김태우

낯고, 현무암 위의 기름진 땅속에서 한반도의 대표적 구석기 유
적인 전곡리 유적지도 발굴될 수 있었다. 관광객의 이목을 집중
시키는 철원의 주상절리(柱狀節理) 또한 오리산 용암이 식어서
굳을 때 수축하며 형성된 것이다. 한반도 중부 내륙 지역에서는
보기 힘든 넓은 평야의 비밀이 여기에 있다.

두루미평화마을에서는 전혀 예상치 못한 만남도 기다리고 있
었다. 한국 근대문학사의 대표적 소설가 중 한 명인 상허(尙虛)
이태준(李泰俊)의 문학비와 그의 흉상(胸像)이 마을 한켠에 자리
잡고 있었던 것이다. 한국현대사 전공자로서 그의 소설 『해방
전후』와 기행문 『소련기행』 등을 접했던 적이 있었던 나는 의외

의 만남에 매우 기쁘지 않을 수 없었다.

이태준은 1904년 11월 4일 강원도 철원군 묘장면 산명리에서 부친 이문교와 모친 안순흥 사이의 1남 2녀 중 장남으로 출생했다. 대한제국 말기 개혁파 하급 관리였던 아버지의 서자로 태어났는데, 만 5살에 아버지를, 8살에 어머니를 여의고 고아가 되었다. 철원의 친척집에서 설움을 받으며 성장하면서 철원 봉명학교를 어렵게 졸업했다. 1921년 휘문고등보통학교에 입학했으나 동맹휴교를 선동한 혐의로 퇴학당했다. 1927년 일본의 도쿄 조치대학(上智大學)에 입학했으나 중퇴하고 한국에 돌아와서는 한동안 일자리를 구하지 못해 노숙자 생활까지 했다. 이태준은 이 와중에 서정적 문체와 치밀한 묘사, 가난한 민중에 대한 애정 등이 담긴 소설을 잇달아 내놨다.

일제는 1937년 중일전쟁 개전 이후 예전보다 더 흉포해졌다. 숱한 작가들이 일제의 전쟁을 돕는 활동에 참여하며 지조와 명예를 더럽혔다. 그러나 이태준은 소극적인 저항을 지속했다. 창씨개명을 거부했고, 1941년 평양 대강연회에 끌려나왔음에도 일왕 찬양 대신 유일하게 조선말로 춘향전 한 구절을 읽고 내려왔다. 그리고 1943년 철원으로 낙향했다. 그는 철원에서 해방을 맞은 후 서울로 돌아와 임화 등 카프 쪽 인사들과 어울리기 시작하면서 문단 인사들을 놀라게 했다. 대표적인 순수파 작가가 뒤늦게 정치에 뛰어들었을 뿐만 아니라, 좌파 문인들과 적극적으로 어울리기 시작했기 때문이다. 이태준은 그 같은 활동의 연장선 상에서 1946년 8월경에 월북했고, 한국전쟁기에 사상 검열을 당하다가 1956년경 숙청당한 것으로 알려져 있다. 사망 연도는 불확실하다.

'한 작가의 수기'라는 부제가 붙어 있는 이태준의 중편소설 『해방 전후』는 1945년 전후 서울과 철원을 공간적 배경으로 한 그의 자전적 소설이다. 이 소설에서 이태준의 모습을 그대로 투영하고 있는 주인공 '현'은 태평양전쟁기 "누구 한 사람 방관적 태도는 용서되지 않을" 것이라는 일제의 압박에 못 이겨 서울에서 철원으로 낙향한 인물이다. 그는 철원 시내에서도 한참이나 더 들어가는 벽촌에서 낚시질이나 하며 소일하고자 하지만, 그곳에서조차 일제의 하급관리들이 그를 편하게 놔두지 않는다. "살고 싶다!"는 그의 외마디 가슴속 비명은 일제말기 이태준의 억눌린 소회를 압축적으로 보여 준다.

그의 철원에서의 일상에 대한 서술 중에서 개인적으로 가장 흥미로웠던 부분은 해방 소식을 전해 듣는 과정에 대한 묘사이다. 주인공 '현'은 라디오는커녕 신문도 2~3일은 늦게 도달하는 벽촌에 살고 있었기 때문에 8월 15일에는 아예 아무것도 모른 채 하루를 보냈다. 그는 이튿날 서울로 급히 상경하라는 서울 친구의 전보를 받아들고 철원 시내로 향하던 도중에 버스 운전수들의 대화 속에서 우연히 해방 사실을 전해 듣게 된다. 현은 맘속으로 "옳구나! 올 것이 왔구나! 그 지루하던 것이…"라고 되뇌며 감격의 눈물을 억제하고 있었는데, 버스 안 다른 사람들의 표정은 다들 하나같이 무심하기만 했다. 그는 참지 못하고 외친다.

"여러분은 인재 운전수들의 대활 못 들엇습니까?"

서로 두리번기릴 뿐, 한 사람도 응하지 안는다.

"일본이 지고 말엇다면 우리 조선이 어떻게 될 걸 짐작들 허시겠지오?"

그제야 그것도 조선옷 입는 영감 한 분이,

"어떻게든 되는 거야 어듸 가겠소? 어떤 세상이라고 똑똑히 모르는 걸 입을 놀리겠소?"

한다. 아까는 다소 흥미를 가지고 지개리던 운전수까지,

"그러치오. 정말인지 물어보기만도 무시무시한걸요."

하고, 그 피곤한 주름살, 그 움푹 드러간 눈으로 뻐쓰를 운전하는 표정뿐이다.

아마도 이태준은 슬펐을 것이다. 해방을 맞고도 맘껏 기뻐하지 않는, 아니 어쩌면 기뻐하지 못하는 "얼빠진 꼴"에 울고 싶게 슬펐을 것이다. 아마도 실제 철원과 같은 지방의 해방 풍경의 상당수가 이러하지 않았을까? 8월 15일에는 해방 소식을 제대로 전해 듣지도 못하고, 하루이틀 후 우연히 알게 됐지만, 일제 말기 전시동원 체제하에서 핍박받고 약탈된 민중들의 세계관은 저토록 불안하고 두렵고 "얼빠진" 모습이었는지도 모르겠다. 물론 일제 말기 철원 벽촌에서도 일제의 날카로운 감시와 끈질긴 친일행위 요구에 지쳐있던 이태준으로서는 감격적인 조국 해방 소식이 "어느 것이고 우러러 절하고 소리 질르고 날뛰고" 싶은 환희로 다가왔을 것이다.

중무장지대로 변한 비무장지대

전혀 예상치 못했던 이태준과의 짧은 만남을 뒤로 하고 버스에 올라 첫 번째 행선지인 휴전선 남방한계선의 '멸공OP'를 향해 갔다. 버스는 민간인통제구역으로 들어가기 위해 군 초소에 잠시 머물렀다. 그리고 그곳에서 M16 소총을 가슴에 품은 한명의

멸공OP에서 바라본 남측 철원평야. ⓒ 김태우

사병이 버스에 동승했다. 민간인 통제구역에 들어왔음을 분명하게 느낄 수 있는 순간이었다.

멸공OP는 흔히 '백골부대(白骨部隊)'라고 불리는 육군 제3보병사단 담당 구역에 위치하고 있다. 백골부대라는 명칭은 해방 직후의 가장 대표적인 반공청년단체인 서북청년단원들이 사단 예하 18연대에 자진 입대하면서, 죽어 백골이 되어서도 고향땅(북녁)을 되찾겠다는 뜻으로 철모에 백골을 그려 넣은 데서 유래했다고 전해진다. 실제 부대 앞 정문에는 '필사즉생(必死則生)', '골육지정(骨肉之情)'과 같은 약간은 살벌한 문구들이 커다랗게 새겨져 있었다. 군인들의 상호 간 경례 구호 또한 '백골'이었다.

멸공OP에 오르니 북측 DMZ 지역과 남측 철원평야의 일부분이 한눈에 들어왔다. 과연 멸공OP는 OP(Observation Post, 관측소: 적의 동태를 살피기 위해 여러 관측 장비를 설치한 곳)라고 불릴 만한 곳에 위치하고 있었다. OP 근무 사병들이 보안상 북측을 향해 사진을 찍지 말라고 하여 불가피하게 남쪽 사진만 촬영할 수밖에 없었다. 눈앞에 보이는 DMZ의 광활한 철원평야를 사진으로 담아 독자들에게 소개할 수 없다는 사실이 매우 안타까웠다. 그러나 어쩌겠는가. 원칙은 원칙인 것을.

멸공OP는 안보교육의 일환으로 특별하게 건축된 관측소인 듯했다. 8각형 모양의 관측소 안으로 들어가니 전면(前面)이 투명한 유리로 제작된 작은 계단강의실이 나왔다. 군부대와 협조체제가 잘 갖춰진 여행 프로그램답게 자리에 착석하자마자 군인의 간단한 브리핑이 시작되었다. 브리핑의 주요 내용은 군사분계선, 남방한계선, 비무장지대, 민통선 등의 역사와 의미, 눈앞에 펼쳐진 지형, 이 일대에서 전개된 한국전쟁기 주요 전투 내용 등이었다. 군인의 브리핑다운 명료하고 체계적인 해설이었다. 수차례의 반복 연습에 의해 몸에 밴 해설이라는 사실을 쉽게 눈치챌 수 있었다.

일반적으로 대부분의 사람들은 각종 사진이나 영상 등에서 볼 수 있는 DMZ 인근의 '철책선'을 군사분계선(휴전선)으로 오해하곤 한다. 그러나 사진과 영상 속의 대부분의 철책선은 군사분계선이 아닌 DMZ 남방한계선이다. DMZ 일대의 주요 경계선과 그에 의해 구분된 지역의 성격에 대해 간단히 설명하자면 아래와 같다.

우선 이날 나와 함께 여행한 분들 중에도 '38선'과 '휴전선'을 동일하게 생각하는 분들이 있었는데, 양자는 완전히 다른 존재이다. 원래 38선은 1945년 8월 일본군의 패전 선언 직후 미국의 제안과 소련의 동의에 의해 형성된 '임시적' 경계선에 불과했다.

미국은 일본군의 무장해제를 명목으로 북위 38도선 이남 지역
엔 미군이, 이북 지역엔 소련이 주둔하자고 제안했고, 소련도 이
에 동의했던 것이다. 그런데 1945년 당시부터 38선은 남북교류
를 가로막는 실질적 장애물로 작동하기 시작했고, 1948년 서로
다른 두 개의 국가가 남과 북에 수립됨으로써 사실상의 국경선
으로 변하고 말았다. 그리고 1950~53년 남과 북은 한국전쟁이라
는 민족 최대의 비극적 사건의 결과로서 현재와 같은 군사분계
선(휴전선)을 갖게 되었다.

현재 군사분계선은 1953년 7월 27일 합의된 정전협정 제1조
11개항에 의해 만들어졌다. 임진강 강변에 세워진 군사분계선
표지판(MDL Marker) 제0001호로부터 동해안의 표지판 제1,292호
까지 총 1,292개의 표지판이 약 200m 간격으로 세워져 그 존재
를 알려 주고 있다. 보통의 사람들이 생각하는 것과 같은 철책선
형태가 아닌 것이다.

표지판은 황색 바탕에 흑색 글자 모양으로 제작되었다. 그리고
남한 쪽에서 바라볼 때는 '군사분계선 MILITARY DEMARCATION
LINE'이라는 글자와 일련번호 4자리 숫자가, 북한 쪽에서 바라볼
때는 '군사분계선 軍事分界線'이라는 글자와 일련번호 4자리 숫
자가 보일 수 있도록 했다. 그런데 현재 거의 대부분의 표지판들

은 오랜 세월 동안 비바람과 총격 등에 녹슬거나 손상되어 있는 상태이다. 때문에 군사분계선을 육안으로 확인하기란 쉽지 않다.

앞서 말했듯이, 우리가 사진이나 영상을 통해 흔히 접하는 철책선의 대부분은 군사분계선이 아닌 DMZ 남방한계선이다. 남방한계선은 군사분계선으로부터 2km 남쪽에 설정된 경계선을 지칭한다. 정전협정은 군사분계선으로부터 남북으로 2km씩 폭 4km의 비무장지대를 설치하여 남북 간 무장충돌 가능성을 상쇄시키고자 했다. 이에 의해 군사분계선으로부터 2km 북쪽에서 DMZ 북방한계선이, 2km 남쪽에는 DMZ 남방한계선이 설정되었던 것이다. 그러나 멸공OP 군인의 해설에 의하면, 북한이 먼저 북방한계선을 상당 정도 남하시켰고, 이에 남한 또한 남방한계선을 북상시켰다고 한다.

어쨌든 양측은 군사정전 협정의 기본원칙을 위반한 채 표현 그대로 무장되지 말아야 하는 비무장지대(非武裝地帶)를 수많은 군인들과 강력 화기들로 가득한 중무장지대(重武裝地帶)로 변화시켜 놓았다. 현재 비무장지대 내에 남북이 각각 설치한 남측 GP(Guard Post)와 북측 민경초소가 화기들로 무장되어 있을 뿐만 아니라 곳곳에 대량의 지뢰가 매설되어 있다는 점에서, 그리고 남북한 공히 이 지역 일대에 군 병력을 집중시켜 두었다는 점에서 '비무장' 지대는 완연한 '중무장(重武裝)' 지대로 변했다고 평가해도 틀리지 않을 것이다.

* * *

멸공OP 근무 군인의 자세한 설명과 질의·응답 시간 이후 모든 여행객들은 잠시나마 군사분계선 너머의 북녘 땅과 하늘을 조용히 바라볼 수 있는 시간을 가질 수 있었다. 얼핏 보기에도 구순에 가까운 두 분의 노인이 복잡한 상념에 잠겨 있었다. 두 분을 모시고 온 아주머니의 이야기를 곁에서 엿들으니, 두 분 중 한 분의 고향이 북녘인 듯했다. 아마 생의 끝자락에도 고향에 돌아가지 못하는 데서 오는 울분과 회한이 밀려드는 듯했다. 가슴이 아팠다.

우리는 멸공OP에서 내려와 휴전선 남방한계선상의 철책길을 따라 걸어 볼 수 있는 흔치 않은 기회도 가질 수 있었다. 한반도의 허리를 단단하게 졸라맨 철책을 따라 걸으며 가슴속의 답답함을 느낄 수 있었다. 철책을 따라 길게 파놓은 참호를 바라보며 분단의 아픔을 느끼지 않을 수 없었다. 오랜 외세의 지배하에서 해방되자마자 또 다른 외세에 의해 분단의 아픔을 겪고 전쟁의 고통까지 감내해야 했던 한국인들의 기구한 운명.

언제쯤 이 땅에는 전쟁의 가능성이 사라질 수 있을까?

철원 구시가지와 노동당사:
한국근현대사의 흥망성쇠를 몸에 새기다

버스는 조용히 다음 행선지인 금강산 전기철도 교량(175쪽 사진 참조)에 도착했다. 사진과 영상을 통해 종종 접했던 유명한 교량이다. 금강산 전기철도 금강산선(金剛山線)은 1924년 최초로 개통되어 1931년에 전 구간 개통 완료된 사유 철도로서, 다른 노선들과는 달리 주로 '관광' 목적을 위해 건설된 점이 이채롭다. 이 교량은 1926년에 세워진 것으로 알려져 있다.

기록에 의하면, 금강선은 철원역을 시발로 종착역인 내금강역까지 일일 8회 운행했다. 내금강까지는 총 116.6km로 운행에 4시간 30분이 걸렸으며, 요금은 당시 쌀 한 가마 값인 7원이 넘어갔기 때문에 주로 일본인, 중국인, 미국인들이 탔고, 한국인 중에서는 부자들만 탔다고 한다.

금강산선은 한국 최초의 전기철도였다. 애초 금강산 전철은 일본과 대만에서 철도 건설사업으로 큰돈을 번 일본인 실업가 쿠메 타미노스케(久米民之助)에 의해 탄생되었는데, 공학박사인 그는 1918년 금강산을 시찰하고 관광자원으로서의 유망성에 주목했을 뿐만 아니라, 만폭동 계곡으로부터 북한강과 남한강으로 이어지는 큰 물줄기의 존재를 확인한 후, 증기기관차를 대신할 힘 좋은 전철을 생각해 냈다고 한다. 일반 증기기관차로는 산악지대를 운행할 수 없었기 때문에 금강산 중턱에 수력발전소를 세우고 그곳에서 전기를 생산해 운행했던 것이다. 일제시기 금강산 전철 역무원으로 일했던 엄영섭 씨의 증언에 의하면, "해발 1,000m의 산 중턱을 지그재그로 달려 올라가면 눈앞에 1만 2천봉 절경이 아찔하게 펼쳐지곤" 했다고 한다. 물론 금강산 전기철도 구간 또한 1945년 운행 중단되어 이제껏 복구되지 못하고 있다.

그 옛날의 전철을 상상하며 교량 위에 올라서보니 예상치 못했던 절경이 눈에 들어왔다. 철원 곳곳에서 볼 수 있는 주상절리가 한탄강의 물길을 따라 펼쳐져 있는 것이다. 겸재(謙齋) 정선(鄭歚)이 금강산 가는 여행길에서 그렸다는 철원의 정자연도(亭子淵圖)와 삼부연도(三釜淵圖)를 떠올릴 수 있는 장소였다. 철원의 대표적 주상절리 명소만큼 눈에 띄게 아름다운 곳은 아니었

지만, 그 위용과 아름다움을 어느 정도 헤아릴 수 있는 곳이기도
했다.

* * *

버스에 다시 올라 민통선 지역을 달리는 내내 여행안내자의
해설이 계속된다. 도로 양옆으로 스쳐가는 수많은 작은 숲들이
지뢰매설지라고 설명한다. 대부분 한국전쟁기에 매설된 지뢰들
로서 이 일대의 지뢰를 완벽히 제거하려면 얼마나 오랜 시간이
걸릴지 알 수 없다고 한다. 우리는 별다른 고민 없이 민통선 지
역을 포함한 이 일대 지역을 DMZ 지역이라고 부르곤 하지만, 이
곳의 진정한 DMZ화는 풀기 힘든 난제로만 느껴진다.

버스는 민통선 지역 내에 위치한 구시가지 흔적들도 차례차례
훑어간다. 지금은 제대로 된 건물 한 채 남아 있지 않은 이곳이
과거의 번성한 시가지였다는 사실이 도저기 믿기지 않는다. 철
원의 월정리역과 그곳에 누워있는 커다란 철마, '철원역(鐵原驛)'
이라는 이정표만이 그 존재를 확인시켜 주는 철원역 부지, 사실
상 폐허나 다름없는 제2금융조합지, 얼음창고, 농산물검사소 등
의 잔해만이 과거의 영화(榮華)를 대변할 뿐이다. 철원은 일제시
기 서울에나 있던 대규모 백화점이 있을 정도로 번성한 도시였

으나, 현재 그 진정한 위용을 가시적으로 확인해 볼 수는 없었다.

소설가 이현은 2012년 그의 장편소설 『1945, 철원』을 통해, 번성했던 철원 구시가지를 중심으로 전개된 해방 전후 이야기를 놀라울 정도로 생동감 있게 그려 냈다. 그는 나처럼 '안보 관광' 코스를 따라 민통선 안까지 들어왔다가 과거의 영화로운 흔적을 본 이후에 시간의 경계 저편의 철원을 찾아 헤매기 시작했다고 한다. 책을 읽고 논문을 뒤지고 영상도 보고 철원 지역 어르신들을 붙잡고 무조건 말을 걸어 보기도 했다고 한다. 나는 해방 전후 철원에 대한 자료를 찾아 헤맸다는 그의 주장을 상당 정도 보증해줄 수 있다. 소설을 읽으며 그가 수많은 해방 직후 북한에 관한 논저를 읽었다는 사실을 확신할 수 있었기 때문이다. 나 역시 또 다른 수복지구인 '강원도 인제군'에 관한 연구를 수행해 본 경험이 있기 때문에 해방 직후 북한 통치 하의 철원에 관한 그의 역사적 이해가 매우 높은 수준에 있다는 사실을 확증해 줄 수 있다. 그는 자신의 자료에 기초하여 일제말기 한반도 교통의 주요 요충지이자 물산의 집산지였던 구철원 시내의 모습을 다음과 같이 묘사했다.

배롱나무 집은 규모가 그리 크지 않으나 기와를 인 담장을 둘러

철원 구시가지의 존재를 상상케 해주는 월정리역(위), 제2금융조합지(아래). 출처: 철원군청

얼음창고(위)와 농산물검사소(아래). 출처: 철원군청

번듯했고, 읍내 한가운데에 있어 철원역에서도 멀지 않았다. 집에서 나와 골목 끝에 이르면 철원 극장이고, 극장을 끼고 오른편으로 돌면 철원 군청을 지나 종연 방적공장과 전기회사, 남초등학교 그리고 얼음 창고와 금융조합을 지나 철원역이었다. 도립 병원 모퉁이를 돌아 왼편으로 가면 철원 경찰서와 우시장, 우편국과 신사, 그리고 감리교회와 목욕탕이 있었다. 그렇게 굵직굵직한 건물들 사이로 요릿집이며 여관이며 이발소며 면옥집이며…… . 경성에 있는 화신 백화점이나 미쓰코시 백화점만은 못하지만 온갖 물건을 갖춘 철원 백화점도 있었다. 대부분의 건물은 단층 혹은 2층짜리 일본식 목조 건물이었고, 웅장한 외관을 과시하는 서양식 석조 건물도 꽤 많았다. 그 번화한 거리의 심장부에 자리 잡은 철원역은 남북을 오가는 철로를 양 날개처럼 펼치고 있었다. 러시아로 혹은 중국으로, 이름을 잃어버린 조선을 떠나는 많은 사람들이 철원역을 거쳐 갔다. 무언가에 쫓겨 떠나는 사람들 혹은 무언가를 꿈꾸며 떠나는 사람들이었다.

구철원은 실제 꽤나 번성한 도시였을 것이다. 강원도 중부 지역에서는 보기 드물게 넓은 곡창지대를 품고 있는 곳, 겸재 정선도 가던 길을 멈추고 몇 편의 그림을 남겨둔 아름다운 곳, 경원선의 주요 기착지이자 고관대작과 외국인 여행객들을 위한 금강산 관광열차의 출발지인 이곳이 번성하지 않으면 어느 곳이 번성할 수 있겠는가?

그렇게 번창했던 철원 구시가지에는 현재 무너진 석조건물 몇 채와 흙먼지 품은 바람만이 존재할 뿐이다. 1945년의 분단으로 이곳의 생명줄이었던 철로가 흉하게 단절되었고, 1950~53년의 한국전쟁으로 인해 시가지가 철저하게 파괴되었다. 한반도 허리의 교통요충지는 응당 군사적 요충지가 될 수밖에 없었다. 때문에 이곳을 쟁탈하기 위한 양측의 처절한 전투로 인해 구철원 시가지는 철저하게 파괴되었고, 전후 민간인 통제 지역으로 설정되며 복구 가능성조차 완전히 상실되고 말았다. 말 그대로 구철원 시가지는 한국근현대사의 흥망성쇠(興亡盛衰)를 몸에 새긴 곳이라고 말할 수 있겠다.

* * *

민통선 내의 구시가지를 지나 민통선 경계초소를 벗어나자마자 철원 노동당사가 눈앞에 나타났다. 어린 시절의 나에게는 서태지와 아이들의 〈발해를 꿈꾸며〉라는 음악의 뮤직비디오 촬영지로 더 익숙한 곳이기도 하다. 과연 서태지가 남북통일과 평화에 대한 진정한 관심과 애정 속에서 이곳을 찾아왔는지 의구심이 들긴 하지만, 갈라진 땅과 깨어진 평화의 상징을 찾아 철원에 온 것이라면 탁월한 선택이었다고 평가하지 않을 수 없다.

버스에서 내리자마자 여행안내자가 사람들을 주차장 한켠의 커다란 돌기둥으로 안내한다. 일제시기에 수립된 도로원표(道路元標)였다. 도로원표는 도로의 기점(起點)과 종점(終點) 등을 보여주는 표식으로, 도로원표의 위치는 행정의 중심지, 교통의 요충지, 역사 · 문화적 중심지를 의미했다. 요컨대 이 도로원표는 바로 이곳이 구철원의 교통 · 문화의 중심지임을 상징적으로 보여주는 존재인 것이다. 다시 말해 구철원의 교통 · 문화의 중심지에 조선노동당사 건물이 축조되었음을 뜻하기도 한다.

철원 노동당사 건물은 한눈에 보아도 위엄이 느껴지는 커다란 석조건물이다. 유럽풍 석조건물의 벽면 위로 한국전쟁기 총탄의 흔적이 그대로 복원되지 않은 채 남아 있다. 전쟁의 상처를 역사유적으로 남기기 위한 의도적 보존방식일 것이다. 한국전쟁기의 상처를 보여 주는 건축물이 거의 존재하지 않는다는 점에서 철원 노동당사의 역사적 가치는 더욱 크다고 볼 수 있다. 실제 이 건물은 등록문화재 제22호 공식명칭 '철원노동당사'로 지정되어 보호되고 있다. 건물 앞의 안내판은 철원노동당사를 다음과 같

구철원군 도로원표(道路元標). ⓒ 김태우

이 소개한다.

　　이 건물은 1945. 8. 15 해방 후 북한이 공산독재 정권 강화와 주
민통제를 목적으로 건립하고 6.25전쟁 전까지 사용되던 북한 노
동당 철원군 당사로서 악명을 떨치던 곳이다. 북한은 이 건물을
지을 때 성금이라는 구실로 1개 리당 쌀 200가마 씩 착취하였으
며, 인력과 장비를 강제동원하는 한편, 건물의 내부 작업 때는 비
밀유지를 위하여 공산당원 이외에는 동원하지 않았다고 한다.
…… 공산치하 5년(1945~1950) 동안 북한은 이곳에서 철원, 김화,
평강, 포천 일대를 관장하면서 양민수탈과 애국인사를 체포하였
고, 고문과 학살 등 소름 끼치는 만행을 수없이 자행하였으며, 이
곳에 한번 끌려 들어가면 시체가 되거나 반송장이 되어 나올 만
큼 무자비한 살육을 저지른 곳이다. 이 건물 뒤 방공호에서는 많
은 인골(人骨)과 함께 만행에 사용된 수많은 실탄과 철사줄 등이
발견되었다.

　안보관광의 핵심코스답게 매우 반공적이고 반북적인 내용으
로 기록된 안내판이다. 독재, 통제, 악명, 강제동원, 수탈, 체포,
고문, 학살, 만행, 살육 등과 같은 무시무시한 단어들이 반복적으

로 제시되어 있다. 한국현대사를 전공한 역사학자의 입장에서는 몇몇 사실들에 대해서는 충분히 동의할 수 있지만, 또 다른 몇몇 사실들에 대해서는 그 역사적 실체에 대해 회의감을 품지 않을 수 없다.

일단 중요한 사실 몇 가지만 짚어 보도록 하겠다. 우선 이 커다란 석조건물은 '철원군당'이 아닌 '강원도당' 건물로 지어졌을 가능성이 매우 높다는 사실부터 지적해야겠다. 강원도는 1945년 38선을 경계로 분단되면서 북강원도와 남강원도로 분리되었고, 북강원도는 철원을 최초의 도청소재지로 삼았다. 그러나 1946년 9월 원산시, 안변군, 문천군이 새롭게 북강원도에 편입되고, 1946년 12월 원산이 새로운 도청소재지로 지정되면서 철원의 중심지적 역할은 급속히 쇠퇴했다. 38선의 형성으로 경원선이 단절되었을 때 이미 예고된 미래라고 볼 수 있을 것이다.

이현의 장편소설 『1945, 철원』은 철원노동당사의 완공 시점을 1947년 초로 본다. 또한 소설은 철원노동당사의 건축 공사 기간이 1년 정도였다고 묘사한다. 소설가는 이 소설의 기초자료 수집을 위해 많은 논저와 인터뷰를 참조했다고 말하고 있는데, 위와 같은 건축 공사 기간과 완공 시점이 정확한 것이라면 최초 시공 당시 이 건물은 두말할 나위 없이 '강원도당사'로 활용하기 위

철원노동당사 전경. ⓒ 김태우

총탄과 포탄의 흔적을 그대로 담고 있는 철원노동당사. ⓒ 김태우

해 건축된 것으로 확증할 수 있다. 1946년 초는 철원이 강원도 도청소재지였기 때문이다. '군당' 건물 치고는 상당히 화려하고 거대한 건물 위용의 비밀이 아마도 여기에 있을 것이다. 원래는 도당사로 사용하기 위해 대규모로 건립되었던 철원당사는 갑작스런 도청소재지의 이전과 함께 군당사로 이용되었던 것이다.

다음으로, 철원 지역민들의 성금과 노동력을 동원하여 이 건물을 지었다는 안내판의 설명은 아마도 사실일 것이다. 기존의 여러 연구논저들은 해방 직후 북한 지방사회에서 진행된 다수의 노력동원 사업의 존재를 생생하게 보여 주고 있기 때문이다. 예컨대 역사학자 한모니까는 해방 직후 38이북 지역이었던 강원도 인제군의 개답사업(開畓事業)에 대한 분석을 통해 이 시기 인민동원이 누구에 의해 어떤 방식으로 진행되었는지 자세하게 보여 준 적이 있다. 그에 의하면, 노력동원은 전반적으로 '의무동원'의 성격을 지녔는데, 간부와 지역민들의 인식수준에 편차가 있었기 때문에 법적 장치뿐만 아니라 회의, 선전, 경쟁운동, 위안운동 등의 다양한 방식이 지역민 동원을 위해 활용되었다고 한다. 아무튼 이 시기 북한에서 대규모 공사의 진행을 위해 지역민들을 동원하는 것은 결코 이례적인 현상이 아니었다.

그러나 북한 통치 5년(1945~1950) 동안 이곳에서 "수없이 자행"

되었다는 주민에 대한 고문과 학살 등에 대해서는 의문을 품지 않을 수 없다. 다름 아닌 이곳이 북조선노동당 군당 건물이었기 때문에 더욱 그러하다. 기존 연구들에 의하면, 1945년 조선공산 당 북조선분국으로부터 시작된 북조선노동당은 창당 이래 지속 적으로 북한 지역에서 대중적 지지를 확장해 나가기 위해 부단 히 애를 썼다. 일제시기 이래 서북 지역을 중심으로 한 38이북 지역은 우파 민족주의세력과 기독교세력이 강했던 곳으로, 애초 에 공산당이 대중적 지지를 확보하기에 용이한 곳은 아니었다. 때문에 김일성을 중심으로 한 공산당세력은 대중의 지지를 일거 에 확보할 수 있는 중요 수단으로 1946년 초 무상몰수 무상분배 의 토지개혁을 단행하기도 했다. 실제 공산당세력은 토지개혁 이후 급속히 성장하여, 1946년 8월 북조선노동당을 발족한 이후 에는 '당=국가'를 지향하는 거대정당이자 북한 지역 최대 정치세 력으로 발돋움하게 되었다. 북한연구학자 서동만은 1947년 초에 이르러 북조선노동당을 중심으로 하는 당·국가체제가 완성되 었다고 주장하기도 한다.

여기서 중요한 사실은 한국전쟁 이전 시기의 조선노동당의 정 책이 지역민에 대한 물리적 탄압과 압살 정책과는 거리가 멀었 다는 것이다. 1945~50년의 북한사회는 북한 역사에서는 매우 이례적으로 역동적이고 개혁적인 성격을 지니고 있었다. 북한지도부의 정책은 아래로부터의 민중들의 요구를 제도적으로 수용하여 자신들의 입지를 단기간에 확장시키는 데 초점이 맞춰져 있었다. 실제 인구 구성에서 농민이 대부분이었던 당대 한국 사회에서 자경농민들에게 토지를 무상으로 나눠 준 정책은 공산당에 대한 지지를 일거에 끌어올렸고, 노동자와 여성 등에 대한 제도적 보호 장치를 제공해 준 것도 대중들로부터 찬사를 유도해 냈다. 미국 콜롬비아대학교 교수인 찰스 암스트롱(Charles Armstrong)은 『북한 혁명(The North Korean Revolution, 1945-1950)』이라는 자신의 책 제목을 통해 1945~50년 북한사회의 역동적이고 혁명적인 변화를 상징적으로 표현해 내기도 했다.

나 또한 1948~50년 북조선노동당 인제군당의 다양한 문서들을 수년에 걸쳐 면밀히 조사한 경험이 있는데, 지역민들에 대한 고문과 학살을 구체적으로 명령하거나 실행한 자료를 본 적은 없다. 내가 본 대부분의 자료들은 당시 북로당 인제군당의 부끄러운 치부를 적나라하게 보여 주는 내부 비밀자료들이었음에도 불구하고, 지역민들에 대한 압살 정책의 중요성을 강조하는 문건은 발견되지 않았다. 당시 내가 본 인제군당 자료들은 한국전쟁 당시 미군이 북한 지역에서 노획한 문서들로서, 현재 미 국립

문서보관소(National Archives and Records Administration)에 원본 형태로 고스란히 소장되어 있다.

그럼에도 불구하고, 안내판에 등장하는 건물 뒤 방공호 인골(人骨)의 존재는 사실일 가능성이 높다고 추정된다. 이미 잘 알려져 있듯이, 한국전쟁기에는 전쟁 양측 군인들과 현지인들에 의한 대규모 민간인 학살 사건이 빈번히 발생하곤 했다. 한국전쟁은 전선이 한반도 전역에 걸쳐 지속적으로 오르내리며 지역의 점령 주체 또한 계속 변화했던 전쟁이다. 그리고 점령 주체가 유엔군에서 공산군으로, 공산군에서 유엔군으로 변할 때마다 곳곳에서 보복학살사건이 발생하곤 했다. 철원 또한 그 같은 집단학살 사건으로부터 예외일 수 없었을 것이다. 현재 시점에 이르러, 철원노동당사 방공호 학살의 가해자와 피해자를 구체적으로 규명해 내는 것은 매우 어렵겠지만, 그 인골의 주인은 아마도 전쟁기에 죽임을 당했을 가능성이 매우 높을 것이다.

백마고지: 처절했던 한국전쟁의 기억을 간직한 곳

드디어 버스는 오늘의 마지막 행선지인 백마고지 전적기념관에 도착했다. 요즘 청년들에게 백마고지와 백마고지전투는 매우 생소할 것이다. 그러나 아마도 신하균, 이제훈, 고수, 류승룡, 김옥빈 등이 출연했던 영화 〈고지전〉에 대해서는 잘 알고 있을 것이다. 바로 영화 〈고지전〉의 역사적 배경이 되었던 장소가 이곳 백마고지이다.

영화 〈고지전〉에서 백마고지는 '애록고지'라는 이름으로 등장한다. 감독의 설명에 의하면, 애록(AEROK)은 KOREA를 거꾸로 표기한 것이라고 한다. 정말 절묘한 작명이지 않은가? 아마도 한국전쟁기 한반도 전체가 백마고지였고, 백마고지가 한반도나 다름없었다는 사실을 은유적으로 표현한 것이리라.

주차장에 내려서니 커다란 백마상이 역동적 몸짓으로 여행객들을 반긴다. 이곳에서 바라보면 언덕 입구 오른쪽의 '백마고지 전승비(戰勝碑)'와 저 멀리 원경(遠景)의 '백마고지 전적비'를 한눈에 확인할 수 있다. '백마고지 전승비'의 존재를 통해 알 수 있듯이, 백마고지전투는 한국군의 가장 대표적인 '승리의 전투'로 기억되고 있다. 전승비 하단에는 다음과 같은 문구가 새겨져 있다. "이곳은 1952. 10. 6~10. 15까지 중공군과 12차례의 공방전 끝에 대승을 거둠으로써 누란(累卵)의 위기에 처해 있던 조국을 구하고 살신보국(殺身報國)한 영령(英靈)들이 잠든 곳이다. 이에 선배

전우들의 얼을 높이 기리고, 그 뜻을 오늘의 백마정신(白馬精神)으로 계승하고자 여기 전승비를 세우다. 1994. 10. 15. 백마부대 장병 일동." 실제 1952년 10월 백마고지전투의 결과는 눈부신 것이었다. 10일간 이어진 전투에서 중공군 1만 4천여 명의 사상자를 유발하며 2개 사단을 완전히 와해시켜 버렸기 때문이다.

입구 왼쪽에는 다음과 같은 설명이 국문과 영문으로 제시되어 있다.

철원군 북방에 있는 백마고지는 6.25동란 당시 피비린내 나는 격전지였다. 1952년 10월 6일, 중공군의 대공세에 의해 10일간이나 계속된 백마고지전투는 약 30만 발의 포탄이 이 지역에서 사용되었으며, 고지의 주인도 24번이나 바뀌었다.

이 전투에서 1만 4천여 명의 사상자를 낸 중공군 2개 사단이 완전히 와해되었으며, 국군 제9사단은 백마고지전투의 대승을 계기로 백마사단이라고 명명되었다. 격렬했던 전투 끝에 남은 흙먼지와 시체가 뒤섞여 악취가 산을 뒤덮을 정도였고, 서로의 포격에 의해 고지의 본래의 모습을 잃어버렸는데 마치 백마가 옆으로 누워있는 형상이라 하여 백마고지로 불리게 되었다.

당시 이 백마고지 사수를 위해 용감하게 싸운 국군 제9사단 장병

백마고지 전적기념관 입구의 백마상(정면)과 원경의 백마고지 전적비. © 김태우

의 넋을 추모하기 위해 이곳에 백마고지 전적비가 건립되었다. 이 비에는 당시 전투의 격렬함과 많은 사람이 조국의 수호신으로 산화했음을 알려 주는 비문이 새겨져 있다.

위의 해설판의 설명처럼 1952년 10월의 백마고지전투는 표현 그대로 피비린내 나는 결사항전의 혈전(血戰)이었다. 승리의 전투였다는 사실을 강조하는 위의 해설판에는 한국군 희생자의 수가 제시되어 있지 않다. 그러나 한국군 또한 전사자 844명을 포함한 3,146명의 사상자(死傷者) 피해를 입었던 전투였다. 불과 10일 만에 양측 합계 2만 명에 가까운 군인들이 죽거나 다친 것이다.

이렇듯 철원의 백마고지에서 양측의 혈전이 벌어진 이유는 무엇일까? 다른 무엇보다도 이곳이 전략적 요충지였다는 사실을 지적할 수 있겠다. 한국전쟁 당시 395고지라고 불렸던 백마고지는 해발 395m의 그다지 높지 않은 능선이지만, 피아 간에 서로 확보하지 않을 수 없는 '철의 삼각지'로 불린 전략적 요충지의 핵심에 자리 잡고 있었다. 철의 삼각지는 평강을 정점으로 하고 김화와 철원을 저변으로 하는 삼각형 모양의 지대인데, 한국전쟁 당시 교통의 요충지이자 핵심적 병참로였다. 미 제8군사령관 밴

한국전쟁 당시의 395고지(백마고지), 출처: 국방부 6 · 25전쟁 제60주년 사업단 블로그

플리트(James A. Van Fleet) 장군은 "적이 전 전선의 생명선으로 사수하려는 이 철의 삼각지(Iron Triangle)를 무너뜨려야만 한다"고 누차에 걸쳐 역설했을 정도로 이 지역을 중시했다. 이에 따라 미 제8군은 1951년 고지쟁탈전 시기에 김화-철원선을 확보했으나, 정전의 타결을 모색하던 판문점회담으로 인한 정치적 제약을 받아 평강 공략은 보류한 채 공산군과 대치하고 있었다.

이렇듯 미 제8군은 김화-철원선을 완전히 장악함으로써 차기 작전의 이점을 얻게 되었지만, 공산군의 입장에서는 삼각지대의 상실로 인해 적잖은 군사전략적 피해를 입게 되었다. 이에 따라 1952년 10월 자신의 병력을 대규모로 증강한 중공군이 1개 군단의 투입을 통한 철원 공략을 계획했고, 그 주공의 목표로 백마고지를 선정하게 된 것이었다.

가파른 언덕길을 오르니 '백마고지 위령비'가 등장했다. 이 위령비는 이 고지에서 사망한 844명의 영혼을 진혼하기 위해 지역주민들과 참전 전우회 회원들이 뜻을 모아 세운 것이라고 한다. 현지에서 근무하고 있는 사병이 등장하여 여행객들의 묵념을 유도한 후 백마고지전투의 역사적 의의에 대해 간략히 설명해 준다. 위령비 앞에는 전사자 844명의 이름이 새겨진 '백마고지 전투 전사자비'가 놓여 있다. 전투 과정에서 고인이 된 김경진 소령으로부터 최무웅 이병에 이르기까지 고인들의 이름이 계급순, 가나다순으로 촘촘히 새겨져 있다. 살아서야 군 내의 계급이라는 것이 중요하겠지만, 죽어서도 저렇게 계급순으로 정리해 둘 필요가 있을까 싶어서 마음이 편치만은 않았다. 그래도 이병 최무웅 님과 소령 김경진 님이 저 세상에서는 좋은 벗으로 편히 지내리라 생각하며 발길을 옮겨 본다.

위령비 뒤편에는 작은 규모의 백마고지 전적기념관이 자리 잡고 있었다. 이곳에는 전투를 이끌었던 9사단장 김종오 장군 관

백마고지 위령비와 전사자비. ⓒ 김태우

련 사진, 유물, 서적, 전투의 경과를 보여 주는 해설판, 백마고지에서 발견된 총탄을 녹여서 만들었다는 부조 조각 등이 전시되어 있다. 김종오 장군은 백마고지전투의 승리를 통해 한국전쟁의 대표적 전쟁영웅으로 남은 유명한 군인이다. 그는 한국전쟁 초기부터 제6사단장으로서 춘천, 충주, 음성 등지에서 당시 한국군으로서는 드물게 성공적인 전투를 이어 갔고, 낙동강 전선에서는 북한군 제8사단을 재기불능 상태가 될 정도로 큰 타격을 입혔으며, 북진 작전에서는 1950년 10월 하순 초산과 희천을 점령하는 등 이례적인 성공을 이어갔던 인물이다. 그는 백마고지전투가 발발하기 직전이라고 볼 수 있는 1952년 5월 30일 제9사단장에 임명되었으나, 예하 부대들을 적재적소에 배치하고 적시에 예비대를 투입하거나 부대를 교대하며, 강력한 포병과 항공력의 최대지원을 이끌어 내는 방식을 통해 당시의 미군도 놀라게 만든 대대적 승리를 이끌어 낼 수 있었다.

가파른 언덕에 자리잡고 있는 백마고지 전적기념관과 두 손을 합장한 모양의 백마고지 전적비를 지나면 어느새 이 곳의 정상에 다다르게 된다. 여기서 확실하게 깨닫게 되는 중요한 사실은 지금 내가 서 있는 곳이 실제 백마고지는 아니라는 것이다. 진짜

백마고지 전적기념관의 전시물들). 출처: 백마고지 전적기념관

백마고지는 옆의 사진과 같이 먼 곳에서 바라볼 수 있을 뿐이다. 백마고지는 여행객들의 발길을 허용하지 않는 비무장지대 내에 자리 잡고 있기 때문이다.

그럼에도 불구하고 여행객들은 그들이 서 있는 곳에서 백마고지의 전략적 중요성을 너무나도 쉽게 확인할 수 있다. 왜 이곳이 한반도를 동서와 남북으로 연결하는 주요 병참로이자 기동로로 활용될 수밖에 없는지, 왜 이곳이 중부전선 일원에 걸친 병력의 이합집산에 절대적으로 용이한 공간이었는지 너무나 명료하게 확인할 수 있다. 넓게 펼쳐진 철원평야의 한가운데 우뚝 솟아 있는 저 '높지 않은 고지(高地)'의 쟁탈을 위해 그토록 많은 생명들이 희생되었던 것이다.

저곳에서 희생되었을 양측의 어린 청춘들을 떠올려 본다. 백마고지전투가 벌어졌던 1952년 10월은 정전협상을 타결하고 전쟁을 완전히 종식시킬 수도 있었던 시점이었다. 그러나 협상 양측은 포로 교환에 대한 서로 다른 견해를 지니고 있었고, 이로부터 조금도 양보할 의사가 없었다. 저마다 논리가 있었고 입장이 분명했다. 쉽게 처리될 수 있었던 포로교환에 대한 논의를 위해 양측은 18개월이나 소비했고, 그동안 수많은 양측의 군인들이 고지전의 과정에서 계속 희생되었다. 협상 양측은 공히 인도주

먼발치에서 바라볼 수밖에 없었던 실제 백마고지. ⓒ 김태우

의를 외치며 포로교환에 관한 자신의 원칙을 양보하지 않았다. 그러나 말뿐인 인도주의는 전선의 수많은 젊은 생명들을 오히려 죽음으로 내몰고 있었다. 전쟁 초기 1년보다 정전협상이 벌어지던 2년 사이에 훨씬 더 많은 군인들이 희생되었다는 사실은 전쟁의 잔인한 얼굴을 적나라하게 보여 주는 듯하다.

대결의 장에서 소통과 교류의 장으로

다시 백마고지역에서 DMZ 평화열차에 몸을 실었다. 오전 열차와 동일한 승무원들이 여행객들을 맞아준다. 나는 예약된 좌석 번호와는 다른 자리에 냉큼 앉았다. 객차에 빈자리가 많기 때문에 좌석을 바꾸어도 괜찮다는 안내를 받은 직후였다.

내가 옮겨 앉은 좌석은 이동하는 내내 커다란 창밖을 바라보며 갈 수 있는 DMZ 평화열차의 최고 명당자리였다. 뉘엿뉘엿 지는 해, 넓은 들, 푸른 하늘, 그리고 그 모든 것들을 자유롭게 넘나드는 새들의 비행을 보며 평온과 행복감에 젖을 수 있는 좋은 좌석이었다.

놀랍게도 열차의 커다란 창밖으로 볼 수 있던 새들은 세계적

멸종위기종인 두루미 떼였다. 여러 마리의 두루미가 한꺼번에 떼를 지어 날아가는 풍경은 세계 어디에서도 결코 흔히 볼 수 있는 풍경이 아니다. 현재 두루미는 전 세계적으로 2천여 마리밖에 남아 있지 않기 때문이다. 그런데 놀랍게도 그중 8백여 마리가 철원평야에서 월동하고 있다. 인간의 발길을 통제한 조치가 오히려 두루미에게는 최적의 자연환경을 제공한 것이다.

철원에 머물고 있는 두루미들의 상당수는 러시아의 아무르 강변에서 날아온다. 시베리아 지역에서 인간의 경계를 무시한 채 이 먼 곳까지 날아온 것이다. 아마도 이곳까지 오는 동안에 만주와 북녘 땅에 여러 차례 발을 내딛고 배를 채워 가면서 날아왔을 것이다. 우리는 발 디딜 수 없는 그곳을 자유롭게 넘나들며 이곳까지 날아온 것이다. 두루미에게는 러시아와 중국과 남북한과 일본이라는 동북아시아의 넓은 지역이 경계 없는 한 덩어리의 서식지일 뿐이다.

나도 몇 년 전 시베리아 지역에 다녀온 적이 있다. 당연한 얘기겠지만, 한반도를 가로질러 아무르 강변으로 날아가는 두루미와는 달리, 나는 한반도 상공이 아닌 중국 본토 쪽으로 빙 돌아서 블라디보스토크에 도착해야만 했다. 그리고 시베리아 횡단열차의 종단점인 블라디보스토크역에서 3박4일을 달려 시베리아의 대표적 도시인 이르쿠츠크에 도달할 수 있었다. 객차 안에서 세 번의 밤을 보낸 것이다.

기차 안에서 보낸 3박 4일의 시간은 의외로 예상치 못했던 '깨달음'을 내게 안겨 주었다. 우선 시베리아 횡단철도 여행은 유라시아 대륙의 광활함을 감각적으로 분명하게 인지시켜 주었다. 대륙의 평야는 정말 광활했다. 며칠 동안 쉬지 않고 달려도 차창 밖의 풍경에 큰 변화가 없었다. 끝없이 펼쳐진 넓은 평야, 그리고 또 평야. 마치 정지화면과도 같았던 차창 밖 풍경은 많은 여행객들을 철학자로 만들어버렸다. 처음에는 놀랍다가, 어느 정도의 시간이 지나면 그저 지루해지다가, 그 지루함이 상상을 초월하게 계속 이어지자 내 안에서 다시 경외감이 일어나는 것을 느낄 수 있었다.

두 번째 깨달음은 대한민국은 섬나라라는 것이다. 열차를 타고 2시간 30분이면 서울에서 부산까지 도달할 수 있는 대한민국은 얼마나 비좁은 땅인가, 열차를 타고 국경을 넘을 수 없는 대한민국은 섬나라와 다를 바 없지 않은가, 아니 해저터널을 통해 대륙으로 오갈 수 있는 영국인들과 비교하자면 한국인들은 실제 섬나라보다 더 섬나라 사람들 같은 삶을 살고 있지 않은가, 만약 한반도를 관통하는 열차가 시베리아 횡단열차와 연결될 수 있다면 한국인들은 기차를 타고 영국까지 도달할 수 있지 않은가, 중동과 수에즈운하를 지나 남아프리카공화국까지 갈 수 있지 않은가?

이는 머릿속 상상만으로도 충분히 예측 가능하긴 했지만, 실제 모스크바행 열차 안에서 감각적으로 위와 같은 사실들을 분명하게 인지했을 때 느낄 수 있었던 '깨달음'은 실로 매우 값진 것이었다. 아마도 우물 안 개구리가 지닐 수 있는 상상의 영역과 우물 밖으로 나온 개구리가 지니게 되는 인지의 영역의 차이 정도랄까? 어쨌든 시베리아를 한번 횡단하고 나면 어떤 이유에 의해서든 남북한의 경계가 그 이전보다 훨씬 더 두껍고 답답하게 느껴지지 않을 수 없다. 남북한의 통일 혹은 자유로운 교류와 왕래를 미래의 필연적 과제로 설정하지 않을 수 없다.

2001년 7월 철원군수는 북한 민족화해협의회의 초청으로 북한을 방문하여, 철원, 김화, 평강 등 북강원도 일대에 영농자재를 지원하고, 벼 재배 시험농장을 공동운영하는 의향서를 북측과 교환한 적이 있다. 비무장지대에만 40㎢ 이상의 평야를 확보하고 있는 북철원 지역에서, 북한이 생산기지와 노동력을 제공하고, 남한이 자본과 기술을 제공하는 공동의 농업교류사업이 적극적으로 추진된 것이다. 이는 북한의 식량난과 남북교류활성화를 동시에 진작시킬 수 있는 획기적 기획이 될 수 있었다. 물론 이후 현실화되진 못했지만 말이다.

남북공동사업의 도전과 실패는 앞으로도 계속 반복될 수 있다. 그러나 우리는 위와 같은 평화 기획에 지속적으로 희망을 걸어야만 한다. 역사적 관점에서 볼 때, 평화는 언제나 발명되고 기획되어야만 달성될 수 있는 것이었다. 18세기 후반과 19세기 전반기 정치 규범과 지향으로서의 '평화의 발명' 과정과 20세기 초반 조직화된 대중운동의 거점이자 국제정치의 핵심의제로서의 '평화의 발명' 과정에서 볼 수 있는 것처럼, 평화에 대한 관심의 확장은 의도적으로 '기획'되어야만 하는 것이었다. 1930년대 전쟁에 대한 양적 연구로 평화학의 초석을 쌓았던 미국의 퀸시 라이트(Quincy Wright)의 표현처럼, "전쟁은 자연적이고 평화는 인위적"이기에, 우리는 평화의 안착과 확장을 위해 끊임없이 평화를 기획하고 실천해야만 한다.

분단과 대결의 상징으로 현존하고 있는 비무장지대는 미래 한반도 평화 기획에서 중요한 역할을 담당할 수 있는 열린 공간이다. 특히 철원은 비무장지대 전체 면적 가운데 거의 30%에 이르는 가장 넓은 면적을 포함하고, 비무장지대 남북한 철책선의 간격이 670m로 가장 가까운 곳으로 알려져 있기도 하다. 또한 철원은 비무장지대 내에 대규모의 평야지대를 포함하고 있어서 남북한 농업교류를 진행하기에 용이한 조건을 갖고 있을 뿐만 아니라, 경원선과 금강산전철의 핵심 기점이라는 교통의 요충으로서 남북교류에서 중요한 역할을 담당할 수도 있다.

누군가는 후삼국시대 궁예가 도읍으로 삼았다는 철원 도성 터의 경계가 비무장지대의 경계와 일치한다 하여 통일한국의 수도를 철원으로 삼고, 정부청사를 궁예 궁터에 두자는 주장을 펼치기도 했다. 일면 황당한 주장 같기도 하지만, 철원이 도로와 철도의 접근성이 용이하고, 한반도 평면지도를 수평으로 유지시킬 수 있는 정확한 무게중심에 위치하고 있다는 점에서 남북한 평화의 기틀을 조성하기 위한 대규모 정치교류시설(이산가족 만남의 장과 국제회의시설 등)을 이곳에 만드는 것은 충분히 상상 가능한 평화기획으로 판단된다.

오늘 오전의 철원행 기차 안에서 읽었던 책을 저녁의 서울행 기차 안에서 다시 꺼내 읽어 본다. 『통일은 과정이다』라는 저서의 제목이 더 의미심장하게 다가온다. "통일은 도둑처럼 오지 않는다. 통일은 만들어 가는 것이다"라는 책 표지의 문구에 절로 고개가 끄덕여진다.

　독일 통일의 사례에서 볼 수 있는 것처럼, 분단국가의 사람들이 '통일을 위한 평화', '평화를 위한 통일'을 달성하기 위해서는 서로 돕고 협력해야만 한다. 반세기 이상의 시간을 통해 축적된 상호 간의 불신과 갈등은 협력과 소통을 통해서만 서서히 누그러들 수 있다. 서로 돕고 협력하다 보면 상호신뢰라는 것이 구축되기 마련이고, 신뢰에 기초한 교류가 확대되어 나가면 '통일'은 그 '과정' 자체로 현재진행형이 되는 것이다. 통일과 평화는 절대 남이 거저 가져다주거나 제 발로 다가오는 것이 아니기에, 우리 모두는 바로 지금 여기에서 평화를 적극적으로 기획하고 의도적으로 만들어 가야만 할 것이다.

01 사북의 '뿌리관'과 '석탄역사체험관'

강원도 정선군 사북읍, 『사북읍지』, 사북읍, 2012.
김금희, 「사북」, 『센티멘털도 하루 이틀』, 창비, 2014.
박철한, 「사북항쟁연구: 일상·공간·저항」, 서강대학교 대학원 석사학위논문, 2002.
사북청년회의소, 『탄광촌의 삶과 애환: 사북·고환 역사연구』, 선인, 2001.
이옥수, 『내사랑, 사북』, 사계절, 2005.
정선지역발전연구소, 『1980년 4월 사북: 사북사건 자료집』, 정선지역발전연구소, 2000.
탁경명, 『80년 4월의 사북: 사북사태와 그후』, 강원일보사, 2007.

02 국립5·18민주묘지와 금남로

5·18기념재단 편, 『5·18민중항쟁과 정치·역사·사회』 1~4, 5·18기념재단, 2007.
_____, 『구술생애사를 통해 본 5·18의 기억과 역사』, 5·18기념재단, 2006.
_____, 『그때 그 자리 그 사람들』, 여유당, 2007.
강대석, 『김남주 평전』, 한얼미디어, 2004.
박호재·임낙평, 『윤상원 평전』, 풀빛, 2007.
최영태 외, 『5·18 그리고 역사: 그들의 나라에서 우리 모두의 나라로』, 길, 2008.
최유정, 『박관현 평전』, 사계절, 2012.
한강, 『소년이 온다』, 창비, 2014.

03 서대문형무소 역사관

김구, 『백범일지』, 너머북스, 2008.

김삼웅, 『서대문형무소 근현대사: 일제시대편』, 나남, 2000.

김정련, 「형무소의 도산 선생 -2081호의 오물 바가지-」, 『새벽』 1957년 4월 호.

미셸 푸코 저, 오생근 역, 『감시와 처벌: 감옥의 역사』, 나남, 1994.

박경목, 「1930년대 서대문형무소의 일상」, 『한국근현대사연구』 66호, 2013.

_____, 「일제 강점기 서대문형무소 연구」, 충남대학교 대학원 박사학위논문, 2015.

박효정·최승훈, 「평호와 인권의 눈으로 보는 서대문형무소」, 『초등우리교육』, 2006. 8.

양병일, 「서대문 형무소의 상징 읽기」, 『사회과교육』 45권 4호, 2006.

윤경로, 『105인사건과 신민회 연구』, 일지사, 1990.

이동기, 「현대사박물관, 어떻게 만들 것인가?: '독일연방공화국역사의집'과 '대한민국역사박물관'의 건립 과정 비교」, 『역사비평』 96, 2011. 8.

이소가야 스에지 저, 김계일 역, 『우리 청춘의 조선: 일제하 노동운동의 기록』, 사계절, 1988.

장 아메리 저, 안미현 역, 『죄와 속죄의 저편: 정복당한 사람의 극복을 위한 시도』, 길, 2012.

「오심의 대가가 목숨」, 『한겨레 21』 751호, 2009.

04 철원의 비무장지대와 노동당사

김재한, 『DMZ 평화답사: 남북평화와 남남화해를 위해』, 오름, 2006.

김호기 외, 『DMZ, 유럽행 열차를 기다리며』, 플래닛미디어, 2009.

박은진 외, 『DMZ가 말을 걸다』, 위즈덤하우스, 2013.

서동만, 『북조선 사회주의체제 성립사, 1945~1961』, 선인, 2005.

송미화, 「금강산전기철도(주) 상편: 전력과 운송사업 결합으로 관광혁명 일으켜」, 『수차와 원자로』 162호, 2015년 1월.

이현,『1945, 철원』, 창비, 2012.

철원군,『철원군지』상, 철원군지 증보편찬위원회, 1992.

한모니까,「1947~49년 인제군 개답 사업에 나타난 당·정의 역할과 인민노
　　　력동원」,『역사와 현실』60, 2006.

한반도 평화포럼,『통일은 과정이다』, 서해문집, 2015.

Charles Armstrong, The North Korean Revolution, 1945-1950, Cornell Uni-
　　　versity Press, 2004.

두루미 평화마을 홈페이지: http://dmz.invil.org/index.html

국방부 6·25전쟁 제60주년 사업단 블로그: http://koreanwar60.tistory.
　　　com/313

서울대학교 통일평화연구원 평화교실 04

평화를 걷다: 한국현대사 평화답사기

등록 1994.7.1 제1-1071
1쇄 발행 2016년 5월 31일

기 획 서울대학교 통일평화연구원 HK평화인문학연구단
지은이 김태우
펴낸이 박길수
편집인 소경희
편 집 조영준
관 리 위현정
디자인 이주향
펴낸곳 도서출판 모시는사람들
        110-775 서울시 종로구 삼일대로 457(경운동 88번지) 수운회관 1207호
전 화 02-735-7173, 02-737-7173 / 팩스 02-730-7173

인 쇄 상지사P&B(031-955-3636)
배 본 문화유통북스(031-937-6100)
홈페이지 http://modl.tistory.com/

값은 뒤표지에 있습니다.
ISBN 979-11-86502-52-5   94300
SET   979-11-86502-45-7   94300

이 도서의 국립중앙도서관 출판예정도서목록(CIP)은 서지정보유통지원시스
템 홈페이지(http://seoji.nl.go.kr)와 국가자료공동목록시스템(http://www.
nl.go.kr/kolisnet)에서 이용하실 수 있습니다. (CIP제어번호: 2016012262)

이 저서는 2010년 정부(교육과학기술부)의 재원으로 한국연구재단의 지원을 받아 수행된 연구
임.(NRF-2010-361-A00017)